Richard Wagner
SONDERWEG RUMÄNIEN
Rotbuch Taschenbuch 37

Richard Wagner
SONDERWEG RUMÄNIEN
Bericht aus einem Entwicklungsland

Rotbuch Verlag Berlin

1. Auflage 1991
© 1991 Rotbuch Verlag Berlin
Umschlaggestaltung: Michaela Booth
unter Verwendung eines Fotos von
Sabine Sauer, Fotoagentur Lichtblick
Gesamtherstellung: Wagner GmbH, Nördlingen
Printed in Germany. Alle Rechte vorbehalten
ISBN 3 88022 047 6

Inhalt

1
Südosteuropäische
Verwirrungen 9

2
Durch freie Wahlen
zur Einparteien-Herrschaft 12

3
Die Front zur
Machterhaltung der Nomenklatura 17
Die Konspiration 17
Aufstand und Palastrevolte 20
Der gute Vater und seine Ingenieure 22
Ein planstaatlicher Weg zur Marktwirtschaft? 27
Dirigismus als rumänischer Sonderweg 28

4
Land ohne Opposition 34
Wurzeln des Personenkults 35
Gesellschaft ohne Politik 37
Die »historischen« Parteien auf der Suche
nach einer Basis 40
Über das Fehlen demokratischer Traditionen 44

5
Der hilflose
außerparlamentarische Protest 47
Verratene Jugend 48
Proklamation gegen die Nomenklatura 50
Die Bergarbeiterklasse als Hilfstruppe der Front 52
Neue Revolten und alte Kommunisten 55

6
Die merkwürdige
Verfassung der Institutionen 58
Formen ohne Inhalt 58
Die Armee –
Elite der Nation und Stiefkind des Führers 61

Das Skelett der Gesellschaft –
die Securitate und ihre Nchfolger *64*
Die Medien und die neue Macht *69*
Vom Fehlen unabhängiger Institutionen *72*

7
*Die Kleriker als
Trittbrettfahrer der Revolution* *74*
Der Hofnarr als Normalisierer *75*
Autokephale Wendehälse *77*

8
Die ungelösten Nationalitätenkonflikte *82*
Das Trianon-Trauma – oder warum der Hader
zwischen Ungarn und Rumänen kein Ende nimmt *83*
Die »Volksgruppe« – oder warum
die Ausreisewelle der Deutschen weiter wächst *88*
Der rumänische Antisemitismus – oder warum
der Judenhaß auch das Ende der Diktatur überlebt *94*
Warum betteln rumänische
Roma in der Berliner U-Bahn? *97*

9
Die rumänische Ideologie *103*
Ein Volk von Tätern *104*
Geschichte und Fälschung *107*
Bewahrung der rumänischen Rasse! *108*
Legionäre des Geistes *111*
E. M. Cioran – für die rumänische Volksdiktatur *113*
Mircea Eliade – für die rumänische Hochkultur *119*
Todtnauberg in den Karpaten *120*
Spiel mit Extremen *124*
Tausend Jahre Rumänisch-Bessarabien! *125*

10
Was wird aus Südosteuropa? *128*
Kleines historisches Personenlexikon *133*
Literatur *139*
Über den Autor *144*

1
Südosteuropäische Verwirrungen

Osteuropa, was ist Osteuropa? Ein ferner Kontinent. Das Wissen über Südafrika ist größer, zumindest ist die Meinung verbreitet, daß dieses Wissen größer sei. Aber wie genau ist das Wissen über Südafrika? Bewegt es sich nicht exakt innerhalb der Kanäle der Medienaktualität, und läßt es sich nicht auf einen Satz reduzieren, den Schlachtruf: Nieder mit der Apartheid! Weg mit ihr? Und ist dieser Satz nicht wie jener andere: Weg mit dem Kommunismus?

Im Jahr 1989 rückte Osteuropa plötzlich näher, aber es blieb dunkel. Es war irgendwo hinter dem Schlagwort von der Demokratisierung. Die Osteuropäer berauschten sich für eine kurze Zeit am Begriff der Freiheit. Dieser Begriff kam ihnen für viele Westeuropäer zu leicht von den Lippen. Man lächelte herablassend, wie der Wissende im Umgang mit dem Naiven. Für den Westeuropäer kam Osteuropa nicht nur unerwartet, sondern auch ungerufen ins Bild. Man hatte mit dem Nichts hinter dem Eisernen Vorhang nicht mehr ernsthaft gerechnet. Europa war wirklich geteilt. Der Antikommunismus war längst in die Sonntagsreden der Politiker abgewandert, er war im Westen nicht mehr gesellschaftlich wirksam, höchstens folkloristisch, und in seiner deutschen Spielart die Kulisse der diversen Vertriebenentreffen. Europa hatte sich längst in einem westeuropäischen Raum eingerichtet, der sich nicht nur gegen den Süden, sondern auch gegen den Osten abschottete. Die nachgewachsenen Generationen lebten mit dem Rücken zu Osteuropa, sie blickten in die endlosen Weiten des Westens, nach Amerika. Westeuropa hatte sich eine Gegenwart erobert, die auf der Nachkriegszeit als Endlosschleife beruhte: die Postmoderne. Ein Stillstand der Geschichte zu Fastfood mit schönen Menschen.

1989 erklärten die Osteuropäer lärmend ihre Rückkehr nach Europa. Sie trugen einen neuen Diskurs des Antikommunismus in die westeuropäische Öffentlichkeit, den der Betroffenen, aber sie erschienen wie Heimkehrer nach zu langer Zeit. Keiner hatte mehr auf sie gewartet, sie störten bloß noch die Hausordnung.

1989 war das Jahr des Sieges über den Kommunismus. Die Osteuropäer hatten einen kurzen Genuß an ihrem Sieg, es folgte bald ein schwieriger Prozeß der Ernüchterung. 1990 war das Jahr dieser Ernüchterung. Die Osteuropäer haben sich vom Osten, von Moskau befreit, sie verstehen nun nicht, warum sie vom Westen nicht angenommen werden. Sie haben doch jahrzehntelang wie gebannt auf den Westen gestarrt, sie haben den Schmerz, den der Eiserne Vorhang verursachte, persönlich gespürt. Sie fühlten sich als Eingesperrte. Die Amerikaner werden uns befreien, hieß es in den fünfziger Jahren in Rumänien. Es war für die politischen Häftlinge in den damaligen Straflagern die einzige Hoffnung. Die Osteuropäer haben nicht gemerkt, daß sie die ganze Zeit über auf den Rücken der Westeuropäer gestarrt haben. Sie wollen es auch jetzt nicht wahrhaben.

Die Westeuropäer sind die Gewinner der europäischen Teilung gewesen, und sie sind die Gewinner der europäischen Vereinigung. Es sind coole, undankbare Gewinner. Westeuropa hat kein Pathos. Zerstreut nimmt es den Gewinn an, nimmt ihn kaum wahr. Westeuropa blickt auf den Osten wie auf eine unerwartete Erbschaft, für die man nicht so recht eine Verwendung hat, und wo man zuerst einmal lustlos an die Kosten der Entrümpelung denkt. Tand, sagte man früher, Schrott, heißt es jetzt.

Die Osteuropäer empfinden sich als Ausgeschlossene. Sie hielten sich bisher für Eingesperrte, nun müssen sie erkennen, daß sie auch ausgesperrt sind. Sie befinden sich in der unangenehmen Lage, sich dem uninteressierten Händler fortwährend anpreisen zu müssen. Der Händler ist aber nicht Aufkäufer, er sucht eher nach Kunden. So stehen die Osteuropäer auf dem plötzlich offenen Markt und suchen nach einer Legitimation. Sie glauben sie mit der Vergangenheit zu haben. Europa, sagen sie und meinen Mitteleuropa, und stoßen nur auf ärgerliche Blicke. Was ist Mitteleuropa? Der Westen will diese Geschichte nicht, sie rüttelt an seinem eigenen Gebäude. Schon die Vereinigung der beiden deutschen Staaten verunsicherte den Westen aufs Höchste. Es war ein Schritt aus der Gegenwart des Westens hinaus. Der Westen fürchtet die Geschichte, die der Osten zu seiner Rettung zu brauchen meint.

Der Westen leugnet seine Geschichte, der Osten verleugnet sich selbst. Osteuropa will nicht Osteuropa sein. Es versteckt sich zum Teil erfolgreich hinter dem Begriff Ostmitteleuropa, sortiert in seiner Geschichte. Ganze Völker präsentieren sich als Menschenrechtler, Anhänger der Meinungsvielfalt, der freien Marktwirtschaft und des fröhlichen Konsumierens. Ungarn, Tschechen und Polen überbieten sich in dieser neuen Art der Selbstdarstellung, die in mancher Hinsicht geradezu eine Verhöhnung der alten, untergegangenen, mitteleuropäischen Werte ist. Es ist wie bei einem Wettbewerb mit zu vielen Kandidaten, und die Jury will eigentlich gar keinen küren.

Osteuropa ist im Begriff sich zu teilen: in Ostmitteleuropa und Südosteuropa. Eine unsichtbare Linie zieht sich entlang der ehemaligen südosteuropäischen Grenzen des k. und k. Reiches. Sie spaltet nicht nur Jugoslawien, wo Slowenien und Kroatien sich nach Mitteleuropa tasten, und Rumänien, dessen Regionen Banat und Siebenbürgen sich auf eine ostmitteleuropäische Identität berufen, sondern selbst die Ukraine. Der radikale Flügel der nationalen ukrainischen Emanzipations-Bewegung kommt aus der West-Ukraine, dem ehemaligen Galizien.

Ein Begriff kehrt wieder, der Balkan. Er ist wie die Zauberformel, mit der sich alles Böse erklären läßt. Balkan ist ein Synonym für Mißstände. Pulverfaß, sagte man vor dem ersten Weltkrieg dazu. Es war lange der unbekannte Ort, an dem die Ferne begann, der Orient. Wenn in Budapest noch die Csardas-Fürstin zuhause war, so lag im tiefen Siebenbürgen bereits Bram Stokers Dracula-Schloß und Karl Mays Kara-Ben-Nemsi trieb sein Pferd durch die Schluchten des Balkan. Es ist ein unbekannter Ort geblieben, aber an ihm beginnt für niemanden ein Geheimnis mehr.

Böse Geschichten dringen vom Balkan in die Medien Europas. Geschichten von Gewalt und Nationalismus. Auf dem Balkan haben sich in der Nachkriegszeit die zähesten kommunistischen Regime etabliert. Gerade in den Ländern, die schon lange einen von Moskau unabhängigen Kurs eingeschlagen haben (Rumänien, Jugoslawien, Albanien) gestaltet sich der Demokratisierungsprozeß am schwierigsten. In diesen Ländern hatten sich unter den wohlwollenden Augen und zum Teil mit der tatkräftigen Unterstützung der westlichen Politik nationalkommunistische Machtgruppen etabliert, die eine stärkere Verankerung in der Gesellschaft als die Moskauer Satelliten-Führungen in den anderen Ländern erreicht haben. Sie wußten den traditionellen Nationalismus in ihren Ländern in ihrem Sinn zu instrumentalisieren. In Jugoslawien und Rumänien gab es auch Ansätze zur Verbindung zwischen Nationalismus und Reformismus. Vor allem in Rumänien konnte man sich auf dem nationalkommunistischen Sonderweg auf dirigistische Konzepte und autoritäre Modelle stützen, die seit dem Ende des 19. Jahrhunderts angedacht und ausgearbeitet worden waren.

Was diese Länder des Balkans gemeinsam haben – und dazu kommt noch Bulgarien –, ist ihre späte Integration in die europäische Moderne: in der zweiten Hälfte des vorigen Jahrhunderts. Diese Integration verlief ziemlich improvisiert; eilig wurden von den europäischen Mächten Grenzen gezogen, die zu viel mit den eigenen Interessen zu tun hatten, deutsche Prinzen als Staatsoberhäupter eingesetzt und moderne Institutionen geschaffen. Bei dieser Staatenbildung handelte es sich vordergründig um ein bloßes Arrangement mit den jeweiligen Oberschichten, sie ließ aber tatsächlich am Ort Gesellschaften entstehen, denen komplizierte Widersprüche und Ungleichzeitigkeiten bis heute immanent sind. Die europäischen Mächte, denen der Balkan durch den Verfall des Osmanischen Reiches als Problem zugefallen war, hatten nur einen eiligen Blick auf die Gegend geworfen, und schon machten sie sich an die Lösung. Gerade weil die demokratischen Institutionen in diesen Ländern so wenig Substanz hatten, konnten die Kommunisten später so bedingungslos agieren.

Zentrum des Selbstbewußtseins der Völker Südosteuropas ist seit dem 19. Jahrhundert der Nationalismus. Es ist ein Nationalismus, der seine ersten festen Konturen in den Revolutionen von 1848 gewann. Viele Söhne der Oberschicht studierten in den europäischen Städten der Revolution, beteiligten sich an den Straßenkämpfen dort, trugen das Pathos heim. Der Nationalismus Südosteuropas ist ein Nationalismus aus dem Mangel heraus, aus der Frustration.

Diese Völker waren arm. Sie hatten einfach nichts von dem, was Westeuropa besaß. Weder glanzvolle Paläste noch bedeutende Industrien. Sie hatten nichts zum Vorzeigen. Keine große Literatur, keine zivilisierte Bevölkerung. Sie hatten keine schönen Städte, keine eleganten Frauen, nichts. Ein rumänischer Reisender des 19. Jahrhunderts in Westeuropa hatte einen Kulturschock. Aber auch ein rumänischer Reisender des Jahres 1990 hat in Westeuropa einen Kulturschock, genau wie sein Vorgänger. Im Vorwort zu seinem Buch *Aus Halb-Asien* schrieb der aus Galizien stammende deutsch-jüdische Schriftsteller Karl Emil Franzos 1876:

Die Schale, die Form sind in jenen Ländern vielfach dem Westen entlehnt; der Kern, der Geist sind vielfach autochthon und barbarisch. (...) Im allgemeinen herrscht im Osten oder doch mindestens in dem Teile des Ostens, von dem diese Blätter Kunde geben, weder heller Tag noch dunkle Nacht, sondern ein seltsames Zwielicht, im allgemeinen sind Galizien, Rumänien und Südrußland weder so gesittet wie Deutschland noch so barbarisch wie Turan, sondern eben ein Gemisch von beiden – Halb-Asien! (...) Als »Halb-Asien« wollen mir also jene Länder erscheinen und darum natürlich auch als »Halb-Europa«.

Die Völker Südosteuropas redeten sich historische Größe ein. Ihr Nationalismus speist sich bis heute aus dieser vermeintlichen historischen Größe. So ist zu hören, sie hätten jahrhundertelang die Türken bekämpft, aufgehalten oder mindestens beschäftigt. So habe Westeuropa die nötige Ruhe gehabt, um aufzublühen und seine dauerhaften Werte zu schaffen. Sie selber waren Opfer. Und nach dem zweiten Weltkrieg war es ähnlich. Da hat man sie den Russen zugewiesen, und so hatte Westeuropa wieder seine Ruhe. Ähnliche Argumentationslinien finden sich auch bei den jetzt ins Mitteleuropäische flüchtenden Völkern Osteuropas. Die Osteuropäer sehen das Negative immer von außen kommen – der Kommunismus war russischer Import – sie beschäftigen sich viel zu wenig auf kritische Weise mit sich selbst.

Ein beredtes Beispiel dafür ist die rumänische Entwicklung.

2
Durch freie Wahlen zur Einparteien-Herrschaft

Die ersten freien Wahlen nach der rumänischen Dezember-Revolution hatten für den oberflächlichen Beobachter einen erstaunlichen Ausgang: 66% der Stimmen für die seit der Revolution regierende Front zur Nationalen Rettung, 85% für den Präsidentschaftskandidaten der Front, *Ion Iliescu*. Die Opposition landete weit abgeschlagen.

In Rumänien war im Unterschied zu allen anderen osteuropäischen Ländern die Kommunistische Partei nach der Revolution aus der Öffentlichkeit verschwunden. 3,8 Millionen Mitglieder zählte sie bis zum 22. 12. 1989, danach bekannte sich niemand mehr zu ihr. Die Kommunistische Partei hatte zuletzt keinerlei politische Substanz. In ihr waren Mitglieder, nicht Kommunisten. Die Partei war nichts als ein Instrument des Diktators. Ihr Mitglied zu sein, war eine Konvention, sie verschaffte einem die Möglichkeit zum sozialen Aufstieg. Diese Partei identifizierte sich bis zuletzt mit Ceausescu, noch im November 1989, auf ihrem letzten gespenstischen Parteitag jubelten ihre Delegierten dem Diktator zu. Die Kommunistische Partei ist mit Ceausescu untergegangen. In ihrem Machtzentrum regte sich nie Widerstand, abweichende Meinungen wurden ausgegrenzt. Nach dem 22. Dezember fand sich nicht einmal jemand, der ihre Selbstauflösung organisiert hätte, auch dazu hätte man sich schließlich zur Partei bekennen müssen. Es ist ein einzigartiger Vorgang. Als im Januar 1990 Forderungen nach dem Verbot der KP laut wurden, erklärte Iliescu gelassen, es gebe die Partei nicht mehr, ihr Vermögen sei in Staatseigentum übergegangen. Einfach so. Auch dieser Vorgang zeigt, wie dünn der Inhalt politischer Begriffe sein kann.

Die Nomenklatura hat im Dezember 1989 die Kommunistische Partei als Machtinstrument fallengelassen. Das war für sie vorerst die Rettung. Nach dem 22. Dezember gab es nur noch Anti-Kommunisten in Rumänien. Selbst Kommunisten, wie der frühere UNO-Diplomat und Ceausescu-Gegner *Dumitru Mazilu* (geb. 1934), traten als kämpferische Anti-Kommunisten auf. Der Kommunismus wurde als sowjetische Importware denunziert, auch die neugegründete Front ließ keinerlei kommunistisches Engagement erkennen, obwohl in ihrer Führung mehrere bekannte Parteiintellektuelle und Funktionäre, wie Ion Iliescu, Silviu Brucan, Alexandru Birladeanu und Karoly Kiraly waren.

Freie Wahlen waren eine Hauptforderung der ersten Stunde. Diese Forderung wurde auch in der Erklärung der Front bei der Machtübernahme festgeschrieben. Die Front *brauchte* schnelle, freie Wahlen, um sich zu legitimieren. Damit sollte auch dem Autoritätsverfall ein Ende gemacht werden, und andere politische Gruppen sollten keine Zeit haben, sich zu formieren. Schon der Name »Front zur Nationalen Rettung« und die Tatsache, daß diese sich in der Anfangsphase nicht als Partei definierte, sondern als Sammelbewegung, schloß die Bildung weiterer Gruppen aus.

Als Ceausescu gestürzt wurde, gab es keine einzige organisierte Oppositionsgruppe. Auch Blockparteien gab es in Rumänien nicht. Die letzte, eine Bauernfront, hatte man in den frühen fünfziger Jahren aufgelöst.

Oppositionelles Denken unter Ceausescu war eine Sache weniger Individuen gewesen, es äußerte sich nun chaotisch. Noch im Januar meinte Iliescu, ohne ein Mehrparteiensystem auskommen zu können. Er sprach sogar vom historischen Überholtsein des Mehrparteiensystems und bot einen Pluralismus unter dem Dach der Front an, einen rumänischen Originalbeitrag zur Demokratie, wie er sagte. Erst unter dem Druck der Straße gab Iliescu nach. Alsbald wurde ein Dekret veröffentlicht, das die Zulassung von politischen Parteien vorsah. Bedingung war das Vorlegen eines Programms und einer Liste von 256 Unterschriften. Damit war das Tor zum politischen Chaos aufgestoßen. Es bildeten sich zahllose Parteien, die Front sah es gern. Je mehr Parteien, desto größer die Chancen der Front.

In der politischen Wüste, die die Diktatur hinterlassen hatte, war es äußerst schwierig, attraktive Positionen aufzubauen. So versuchten einige Oppositionelle Rückgriffe auf das politische Spektrum der Zwischenkriegszeit und lancierten diverse Neugründungen. Die wichtigsten Parteien der Zwischenkriegszeit: Nationale Bauernpartei, National-Liberale Partei und Sozialdemokratische Partei wurden von Überlebenden des stalinistischen Terrors wiederbelebt. Heimkehrende Emigranten spielten dabei eine wichtige Rolle.

Diese Parteien konnten nur schwer Fuß fassen und verlangten deshalb einen Aufschub der Wahlen. Die Front ließ sich auf einen minimalen Aufschub von einem Monat ein, statt im April sollte im Mai gewählt werden. Dieser Aufschub nützte niemandem.

Hauptursachen für den Ausgang der Wahlen waren das Image der Front in der Bevölkerung und die Zersplitterung der Opposition. In Rumänien trat zum Unterschied von allen anderen osteuropäischen Ländern die Opposition nicht gegen eine, wie auch immer gewendete, Kommunistische Partei an. Die Front definierte sich nicht als Nachfolgeorganisation der Kommunisten, sie war als solche nicht faßbar. Ihr Programm blieb diffus, sie präsentierte lieber ihre Persönlichkeiten, vor allem Iliescu und den Chef der Provisorischen Regierung Roman. Diese waren sehr populär. Weite Teile der Bevölkerung sahen sich durch diese Leute repräsentiert.

Die Oppositionsführer waren der Bevölkerung fremd, alte Männer, Emigranten. Die Bevölkerung konnte mit vielen ihrer politischen Forderungen nichts anfangen. Diese wirkten oft ausländisch.

Die Frage war: Wieviel Veränderung will die Bevölkerung? Und es zeigte sich bald, daß die Mehrheit keine großen Wandlungen, keine radikale Brüche erwartete. Die Wut der Bevölkerung richtete sich in erster Linie gegen den Ceausescu-Clan, der das Land schamlos ausgeplündert hatte. Auf diese Ausplünderung, auf die Willkür des Diktatoren-Paares, auf den Größenwahn und die Dummheit der beiden ließen sich für alle sichtbar die Gründe für Hunger und Elend zurückführen. Ceausescu hatte die real existierende sozialistische Gesellschaft so stark verzerrt, daß ihre übliche osteuropäische Norm im Nachhinein vielen als normal erscheinen mußte. Die DDR galt den Rumänen in der Ceausescu-Zeit als Paradies.

Der Veränderungswille der Bevölkerung hatte sich ganz auf Ceausescu konzentriert. Sein Verschwinden sah die Mehrheit als ausreichende Befreiung an. Und der Befreier hieß

Iliescu. Er ist schließlich am 22. Dezember als erster Politiker im Fernsehen erschienen und hat das Programm der Front verlesen. Ihm schuldete man Dank.

Die Erwartungen der Rumänen nach der Revolution waren die von Untertanen. Die Forderungen der Bevölkerung im Dezember waren weitgehend vor-demokratisch. Es ging ihnen um Strom, Heizung, Brot, Fleisch, Abtreibung und ein unterhaltsames Fernsehprogramm. Das alles hat Herr Iliescu uns gegeben, sagten die Leute. Sie sagten Herr, so wie sie früher Genosse gesagt hatten.

Der Sturz eines Diktators schafft nicht die totalitären Verhältnisse ab. Der Anti-Kommunismus ist keine ausreichende Formel für die Demokratisierung. Das war das rumänische Dilemma zum Zeitpunkt der Wahlen.

Die in den sogenannten »historischen« Parteien, den Rekonstruktionen der Zwischenkriegszeit organisierten Oppositionellen, allen voran jene der Nationalen Bauernpartei, pflegten im Wahlkampf einen schrillen Antikommunismus. Sie stießen damit ins Leere.

Die einflußreichsten Medien: Fernsehen, Rundfunk, die Zeitungen mit der größten Verbreitung befanden sich in der Hand der Front. Sie verwandelten die Programme der Opposition in tägliche Schreckensmeldungen, malten Horrorvisionen für die soziale Zukunft aus. Die Existenzängste der Menschen wurden mit der Aussicht auf Inflation, Arbeitslosigkeit, Ausverkauf des Landes alimentiert. Es wurde die Angst vor der Veränderung geschürt, während sich die Front als Garant der sozialen Sicherheit präsentierte. Für unsere Ruhe, lautete eine der erfolgreichsten Propagandaformeln der Front. Sie zierte die vollkommen leere Titelseite der regierungsnahen Zeitung *Adevarul* (Wahrheit) am Vorabend der Wahlen.

Die letzten freien Wahlen hatten in Rumänien, sieht man von der Wahlfarce unter der sowjetischen Besatzung von 1946 ab, 1937 stattgefunden. Danach löste der damalige König Carol II. Parlament und Parteien auf. Das Wahlergebnis paßte ihm nicht. Er errichtete die sogenannte *Königsdiktatur* und führte einen Ständestaat ein. Rumänien wurde während der letzten 52 Jahre, das ist fast ein Menschenalter, von zuerst rechten, dann linken Diktaturen beherrscht. Wer erinnert sich da noch an freie Wahlen?

Ein allgemeines Wahlrecht gab es in Rumänien erst seit den zwanziger Jahren. Rumänien hatte damals eine Verfassung nach westlichem Zuschnitt, Vorbild war die belgische gewesen, aber ihre Praxis hatte eine Reihe Merkwürdigkeiten. So ernannte der König die Regierung, und die Wahlen wurden anschließend von der Regierungspartei veranstaltet, zwecks Mehrheitsbeschaffung im Parlament. Organisiert wurden diese Wahlen von der Beamtenschaft, die bei Regierungswechsel regelmäßig ausgetauscht wurde. Möglichkeiten der Beeinflussung gab es bei dem, vor allem in ländlichen Gebieten, sehr niedrigen Bildungsniveau sehr viele.

Die Politik war ein urbanes Phänomen, sie ist es bis heute geblieben. Die Oppositionsparteien haben ihre Basis in den Städten, ihre besten Wahlergebnisse erzielten sie in Bukarest und in den Städten des Banats und Siebenbürgens, in denen im Dezember gekämpft wurde. Die Dezember-Revolution beschränkte sich auf Bukarest und diese Städte. Ganze Gebiete, vor allem im Osten und Süden, in der Moldau, in Oltenien und Muntenien, blieben von den bewaffneten Auseinandersetzungen unberührt. Für die Menschen in diesen Gebieten hat einfach ein Machtwechsel stattgefunden. Wo vorher die Kommunistische Partei war, ist jetzt die Front zur Nationalen Rettung. Man wählte wie bisher, ganze Verwaltungskreise haben nur Abgeordnete der Front ins Parlament geschickt.

Gewählt wurde ein *Zwei-Kammer-Parlament,* nach dem Modell der Zwischenkriegszeit, bestehend aus Senat und Abgeordnetenkammer. Das Parlament ist gleichzeitig Konstituante, es soll die neue Verfassung erarbeiten. In zwei Jahren sollen die nächsten Wahlen stattfinden.

Gewählt wurde auch ein *Staatspräsident* mit weitreichenden Vollmachten. Ion Iliescu setzte sich mit überwältigender Mehrheit gegen seine beiden Gegenkandidaten, Ion Ratiu, Nationale Bauernpartei, und Radu Cimpeanu, National-Liberale Partei, beide heimgekehrte Emigranten, durch. Die Opposition hatte sich nicht auf einen gemeinsamen Kandidaten einigen wollen, das war der eine Fehler, der andere war, Emigranten kandidieren zu lassen.

3
Die Front zur Machterhaltung der Nomenklatura

Die Front zur Nationalen Rettung definiert sich selbst als Emanation der Revolution. Iliescu formulierte es so, und später, in den Tagen der Universitätsplatzbewegung, stand an einer Wand des Hochschulgebäudes in Bukarest logischerweise: Jos Emanatul. Nieder mit dem Emanierten!

Am 22. Dezember erschien die Front als die Plattform aller Ceausescu-Gegner. Schon ihr Name, »nationale Rettung«, sollte auf den Ernst der Lage verweisen und integrierend wirken. So war auch der ursprüngliche Rat der Front in seiner Zusammensetzung, wie sie von Iliescu im Fernsehen mitgeteilt wurde, ein »Who's who« der Dissidenz. Prominente Regime-Gegner, Militärs und Spontan-Revolutionäre standen auf der Liste. Nachher stellte sich heraus, daß man zumindest einige aus anderen Städten, wie Doina Cornea oder den Pastor Tökes, gar nicht gefragt hatte. Die Umstürzler hatten einfach eine Liste der öffentlich bekannten Namen zusammengestellt, um sich der Bevölkerung gegenüber zu legitimieren.

Die Konspiration

Gegen Ceausescu war offenbar seit langem konspiriert worden. Lange und ergebnislos. Teile der Nomenklatura wollten den Spielverderber Ceausescu schon seit den frühen siebziger Jahren loswerden. Es war dies eine Mischung aus rationalen, reformerischen politischen Kräften und vom Diktator benachteiligten Angehörigen des Establishments. Einen festen Stützpunkt hatten diese Leute in der *Armee*. Mehrere Generäle waren an der Konspiration beteiligt. Einer der politischen Köpfe war Iliescu, der sich von Ceausescu 1971, mit dem Beginn der Re-Stalinisierung, getrennt hatte.

Die Konspiration war politisch uneinheitlich, zu ihr gehörten sowohl nationale Kräfte wie prosowjetische, der gemeinsame Nenner war der Feind Ceausescu. Die Konspiration war zögerlich und kaum handlungsfähig. Konspirationen aus dem Establishment sind immer zögerlich, weil sie nicht sicher sind, ob es mehr zu gewinnen als zu verlieren gibt. Eine Rolle spielte auch die totale Kontrolle, die Ceausescu über die einzelnen Institutionen verhängt hatte. Der mißtrauische Diktator, der vor seinem Machtantritt Kaderchef der Partei gewesen war, wollte jeden Widerstand im Keim ersticken und jedes Komplott verhindern.

In den achtziger Jahren war die Konspiration offenbar in eine Phase der Resignation getreten. Der Diktator hatte auch eine Säuberung in der Armee vorgenommen und die verdächtigen Generäle in den Ruhestand geschickt. Auftrieb erhielt sie erst wieder durch die Vorgänge in der Sowjetunion und in den osteuropäischen Ländern, Auftrieb und wahrscheinlich auch neue Unterstützung. Teile der Nomenklatura begannen sich nun offenbar ernsthafte Überlegungen über ihre Überlebenschancen zu machen. Mit Ceausescu war das nicht möglich. Er war eindeutig ein Mann der Vergangenheit und er profilierte sich durch immer deutlichere Kritik an der Perestrojka als solcher. Ceausescu wurde in den beiden letzten Jahren seiner Herrschaft zum verbalen Gralshüter des Sozialismus. Ihn mußte man loswerden.

So stießen wahrscheinlich auch einzelne Gruppen der *Securitate* zur Konspiration. Man wartete auf eine günstige Gelegenheit, um den Diktator zu stürzen. Dabei muß man wissen, daß die Angst der Nomenklatura vor Ceausescu nicht viel größer als die vor dem Volk war. Ein unkontrollierter Aufstand konnte sie alle hinwegfegen. Gleichzeitig brauchte man aber auch Unruhe als Hintergrund für einen Umsturz. Diese Unruhe wurde zum Teil im Verlauf des Jahres 1989 auch organisiert. So wurden Manifeste, meist über den Münchener Sender »Freies Europa«, verbreitet, Erklärungen von Oppositionsgruppen, zu denen sich seit der Dezember-Revolution niemand mehr bekannt hat. Der amerikanische Sender »Freies Europa« beherrschte im isolierten Rumänien der Ceausescu-Zeit weitgehend die Meinungsbildung in der Bevölkerung. Das rumänische Programm des Senders war die Hauptinformationsquelle der

Rumänen. Wenn man etwas in Rumänien verbreiten wollte, tat man es am besten über diesen Sender. Einer der Konspirateure, Silviu Brucan, gewährte auf einer Auslandsreise im Jahr 1988 dem Sender ein zweistündiges Interview. Es ist anzunehmen, daß die Konspirateure Kontakte nach Moskau und in die USA hatten. Sie machten zuerst einmal PR.

Im Vorfeld des letzten Parteitages der Ceausescu-KP ist ein Dokument aufgetaucht, daß die Delegierten des Parteitags zur Abwahl des Diktators aufforderte und ein reformkommunistisches Programm entwickelte. Unterzeichnet war das Papier mit »Front zur Nationalen Rettung«. Interessant ist, daß Iliescus Front nach dem 22. Dezember die Urheberschaft dieses Papiers leugnete. Die Positionen des Papiers waren durch die Ereignisse überholt worden, das Papier hätte nur noch einen Denunziationswert in der Hand der Front-Gegner gehabt. Es wäre der Beweis gewesen, daß die Front eine Nachfolge-Organisation der Kommunisten ist.

Die Dezember-Revolution in Rumänien erscheint als die Summe eines spontanen Aufstands, einer Konspiration und einer improvisierten Palastrevolte. Entscheidend war der Ausbruch des Aufstands. Daß er sich an der Deportation des ungarischen Pastors Tökes in Temeswar entzündete, war für den weiteren Verlauf der Ereignisse fast bedeutungslos. Im Dezember 1989 stand niemand mehr wirklich hinter der Ceausescu-Bande. Das Herrscherpaar war nur noch von kriminellen Profiteuren und der Verwandtschaft umgeben. Selbst die engsten Mitarbeiter waren nur noch lustlos bei der Sache. Niemand, weder in der Armee noch in der Securitate, war darauf aus, sich bei der Repression sonderlich hervorzutun oder sich gar für das Diktatoren-Paar zu opfern. Jeder machte soviel wie er meinte, machen zu müssen. Nach einem ersten Blutrausch in der Stadt Temeswar begann man sich zu orientieren. General Stanculescu, jetzt Verteidigungsminister, und nach vielen Aussagen an den Repressionen in Temeswar beteiligt, ließ sich, wie er später in einem Interview erzählte, das Bein in Gips legen, bevor er am 21. Dezember nach Bukarest zurückkehrte. Auch in der Hauptstadt hatte der Aufstand begonnen, der General war nicht einsatzbereit/einsatzfähig.

Aufstand und Palastrevolte

Die Vorgänge innerhalb des ZK-Gebäudes am 22. Dezember 1989 sind in zentralen Fragen ungeklärt und werden es wahrscheinlich vorerst auch bleiben. Zu viele post-revolutionäre Interessen fordern die Verdunkelung. Andererseits ist es ja auch nicht eine lineare Aktion gewesen, sondern in vielen Vorgängen ein schwer zu durchschauender Wirrwarr. Der Grad der Spontaneität war wohl doch höher, als mancher eingestehen mag.

Sicher ist, daß die Vorgänge im Zentrum der Macht unter dem Druck der Massen stattfanden, die sich vor dem Palast versammelt hatten. Ohne die Massen wäre nichts gelaufen. Konsens war die Absetzung des Diktators.

Ceausescu hatte seine Autorität bereits am Vortag eingebüßt. Er hatte eine Jubelversammlung einberufen lassen, und er war ausgepfiffen worden. Im Fernsehen war ein ratloser, stotternder Diktator zu sehen gewesen, die Sendung mußte abgebrochen werden, erst nach Minuten wurde sie fortgesetzt. Damit hatte Ceausescu verloren. Die Bevölkerung hatte einen schwachen Diktator gesehen.

Über die Vorgänge im Dezember 89 gibt es mehrere Versionen. Es gibt solche, die mehr zu spontanen Erklärungen neigen, andere, die das Gewicht der Konspiration betonen und von einem Komplott sprechen. Aufschlußreich mag sein, daß die herrschende Front meist das spontane Element betont und sich selbst als Ergebnis der Revolution propagiert, während ihre Gegner zum Teil eine schon fast dämonische Putschgeschichte kolportieren.

In beiden Fällen spielt das Legitimationsbedürfnis eine Rolle. Denn die Dezember-Revolution hat *keine* politische Kraft ausreichend legitimiert. Das hat damit zu tun, daß keine politische Organisation, für die Bevölkerung sichtbar, den Umsturz im Dezember herbeigeführt hat. Die politische Misere nach dem Ende der Diktatur resultiert aus der politischen Misere unter der Diktatur.

Die Spontan-Revolutionäre, die am 22. Dezember ins ZK-Gebäude und auf dessen Balkon gelangten, hatten keine Organisation, kein Programm, es waren Regimegegner, meist junge Leute. Sie warfen die Bilder des Diktators auf die Straße, riefen

»Freiheit« und »Sieg«. Der Diktator hatte sich mit seiner Frau in einem Hubschrauber in Begleitung von Securitate-Leuten vom Dach des Gebäudes entfernt. War er geflohen? Hatte man ihn zur Flucht gedrängt? Hatte man ihn dazu gezwungen? Wenn ja, wer? General Stanculescu behauptete später, er habe sowohl die Flucht als auch die Gefangennahme der Ceausescus organisiert.

Als die beiden Ceausescus von der Armee verhaftet wurden, waren sie allein, die Securitate-Leute hatten sich unterwegs davongemacht. Sie wurden nachträglich verhaftet und in einem Prozeß im Januar freigesprochen. Ein weiterer dunkler Punkt ist der Tod des Verteidigungsministers *Milea*. War es Selbstmord oder Mord? Er kam am Vormittag des 22. Dezember im ZK-Gebäude zu Tode. Es heißt, er habe sich geweigert, den Schießbefehl des Diktators auszuführen. In seinem letzten Kommuniqué, daß über den Rundfunk verbreitet wurde, nannte Ceausescu den Verteidigungsminister Milea einen Verräter. Während seines Schnellverfahrens sprach Ceausescu nur von einem Staatsstreich, den er nicht anerkenne.

Die Hilflosigkeit der Spontanrevolutionäre hat es der Konspiration leicht gemacht, den Aufstand zu übernehmen. Die wichtigere und folgenreichere Frage ist, unter welchen Bedingungen sich die Konspirateure mit dem Establishment am 22. Dezember geeinigt haben (Armee, Securitate). Welches war der Preis des Waffenstillstands und welches waren die Verbindungen zwischen Palastrevolte und Konspiration?

Die Front zur Nationalen Rettung präsentierte sich anfangs als Übergangsstruktur. Sie wollte die Gesellschaft organisatorisch vor dem Chaos bewahren. So erschien sie als Konkursverwalterin und Wegbereiterin neuer Verhältnisse.

Die Front selbst setzte sich aus sehr unterschiedlichen Leuten zusammen. Der ursprüngliche Rat der Front war ein Schaufenster-Rat für die Öffentlichkeit. Im Augenblick der Machtübernahme gab es auch kein eindeutiges Programm. Das meiste war improvisiert. Kaum einer hatte vor-gedacht, man suchte aus dem Augenblick das beste zu machen.

Die Front stellte sich als Sammelbewegung aller, die guten Willens waren, vor. In ihr waren Dissidenten, Reform- und

Nationalkommunisten, Armeeoffiziere, Securitate-Leute, Technokraten, Spontan-Revolutionäre. Die politische Couleur spielte im ersten Augenblick kaum eine Rolle, die meisten der Akteure versicherten gar, keinerlei politische Ambitionen zu haben, es ging vordergründig darum, eine Implosion der staatlichen Institutionen zu verhindern. Alle Institutionen waren an die Person des Diktators gebunden, ohne ihn funktionierte nichts mehr.

So hat sich die Front von Anfang an den Staatsapparat einverleibt, und die Diener der Diktatur sahen bald in der Front ihre Überlebenschance.

Die Einführung des Mehrparteiensystems brachte eine Klärung für das Selbstverständnis der Front, sie definierte sich nun als politische Partei. Damit war in ihr kein Platz mehr für die radikale intellektuelle Dissidenz, Prominente wie die Hochschullehrerin *Doina Cornea* und die Schriftstellerin *Ana Blandiana* verließen die Front, der Dichter *Mircea Dinescu* blieb. Ein Teil der Spontan-Revolutionäre hatte sich schon im Januar enttäuscht von der Front abgewandt, sie wollten den Kampf fortsetzen. Die Oberhand innerhalb der Front gewannen rasch die Reform- und Nationalkommunisten, die zum Teil der Konspiration um Iliescu angehört hatten.

Der gute Vater und seine Ingenieure

Die Klärungsprozesse und Machtkämpfe innerhalb der Front scheinen damit vorerst abgeschlossen. Als starker Mann profilierte sich von Anfang an *Ion Iliescu*. Iliescu stammt wie Ceausescu aus dem Süden des Landes. Sein Vater gehörte der kommunistischen Vorkriegspartei an, Iliescu ist in den Apparat der Kommunistischen Partei hineingewachsen. Er war in den sechziger Jahren Jugendminister und 1971 für kurze Zeit ZK-Sekretär für ideologische Fragen. Iliescu galt als Vertreter der jungen, national und reformerisch eingestellten Generation in der Partei. Sein politischer Aufstieg endete jäh, als Ceausescu 1971 durch seine Mini-Kulturrevolution die Restalinisierung des Landes befahl. Damit schaffte er die Grundlagen seiner Clan-Diktatur. Iliescu machte die Wende nicht mit. Er wurde Propagandasekretär im Kreis Temesch, Erster Sekretär im Kreis Jassy, Direktor des Amtes für Wasserwirtschaft und zuletzt Leiter des Technischen Verlags in Bukarest.

Iliescu ist von Beruf Ingenieur, er wird also nicht bloß als Parteiaktivist wahrgenommen, sondern auch als Vertreter der technischen Intelligenz. Gerade die vielen mit der Partei verbundenen Techniker fühlen sich durch ihn repräsentiert. Vom Image her ist er das Gegenteil von Ceausescu. Keine Öffentlichkeitsgier, keine Frau an seiner Seite, keine Kinder. Gerade die mißratenen Kinder von Ceausescu hatten für viel Verwirrung und Unheil gesorgt. Nach dem blöden Ceausescu, der selbst mit der rumänischen Sprache einen etwas eigenartigen Umgang pflegte, wirkt Iliescu höchst gebildet.

Iliescu galt immer schon als potentieller Nachfolger von Ceausescu, und zwar sowohl als er noch in der Gunst des Diktators stand als auch danach, in der Zeit der Ungnade. Iliescu war der Kandidat der Nomenklatura für die schwierige Zeit nach Ceausescu. Iliescu saß sozusagen auf der offiziellen Reservebank. Er ist nie durch spektakuläre Äußerungen aufgefallen, er hat in den beiden letzten Jahrzehnten kaum öffentlich agiert. So war er weder an den Verbrechen des Ceausescu-Clans beteiligt, noch hat er sich als Oppositioneller profiliert.

Iliescu ist, soviel läßt sich feststellen, Reformkommunist, seine Grenzen sind die Grenzen des Reformkommunismus. 1987 ist von ihm ein Aufsatz in der Bukarester Literaturzeitschrift *Romania Litara* erschienen, worin mit dem Begriff »Restructurare« für Perestrojka plädiert wird. Es sollte wahrscheinlich ein Signal sein. Der Übergang von Ceausescu zu Iliescu hätte sich weniger kompliziert gestaltet, wäre da nicht der Druck durch den allgemeinen Erosionsprozeß der kommunistischen Regimes in Osteuropa gewesen. Man kann schließlich nicht in Rumänien weniger verändern als in den anderen osteuropäischen Ländern. Ideen von außen verändern auch den rumänischen Bedürfnishorizont. Dabei wäre es in Rumänien schon ein relativer Fortschritt gewesen, wenn man nach der Ceausescu-Diktatur zur Normalität des realen Sozialismus hätte zurückkehren können. Diese Rückkehr in die besseren sechziger Jahre scheint vielen offenbar auch heute noch ausreichend. Vielleicht sogar Iliescu.

Wenn es überhaupt Konkurrenten für ihn innerhalb der Front gab, so waren dies zwei Männer: *Dumitru Mazilu* und *Silviu Brucan*. Mazilu war UNO-Diplomat unter Ceausescu. Er stand wegen kritischer Äußerungen unter Hausarrest, bekannt wurde er durch einen Menschenrechtsbericht über die Lage der Jugend in Rumänien, den er aus dem Lande geschmuggelt hatte und der als UNO-Dokument verbreitet wurde. Ceausescus Rumänien hatte sich auf UNO-Ebene in der Jugendfrage engagiert, weil man eine politische Plattform für Ceausescusohn Nicu suchte. Mazilu war mit einem Programmentwurf am 22. Dezember hervorgetreten, der einen radikalen Bruch mit der kommunistischen Vergangenheit versprach. Seine Ideen verbanden sich allerdings mit viel Rhetorik und das hinterließ den Eindruck von Demagogie. Mazilu stolperte bereits im Januar über seine Vergangenheit. Es wurde bekannt, daß er Vorlesungen an der Securitate-Schule in Baneasa gehalten hatte, er galt plötzlich als Mann der Securitate und so trat er von seinen Ämtern innerhalb der Front-Führung zurück. Die Denunziation der Securitate-Vergangenheit von Mazilu geschah natürlich nicht zufällig. Derartige Denunziationen wurden zum selbstverständlichen Mittel im politischen Kampf. Interessant ist, daß derlei Enthüllungen und auch Verleumdungen fast immer die Gegner der Iliescu-Front trafen.

Silviu Brucan gehörte bereits der Vorkriegs-KP an. Er hat seinerzeit alle stalinistischen Kampagnen mitgetragen, war in den schlimmsten Zeiten des rumänischen Stalinismus stellvertretender Chefredakteur der Parteizeitung *Scinteia* (Der Funke), später UNO-Botschafter und Botschafter in den USA. Brucans politisches Ende war bereits Mitte der sechziger Jahre mit dem Sieg des nationalreformerischen Trends in der rumänischen KP gekommen. Er zog sich als prosowjetischer Altstalinist schmollend aufs Altenteil zurück und widmete sich fortan der Politologie. Eines seiner Bücher ist unter dem Titel *Die Auflösung der Macht. Eine Soziologie der Internationalen Beziehungen und der Internationalen Politik* 1973 auch in der Bundesrepublik erschienen. Darin heißt es beispielsweise und durchaus treffend für die damaligen rumänischen Entwicklungen: »In Osteuropa sowie in China entsprang der Drang (im Westen fälschlicherweise ›Liberalisierung‹ genannt) dem Wunsch nationaler und revolutionärer Kräfte, den Sozialismus auf ihre Weise, entsprechend ihren nationalen Besonderheiten und politischen Traditionen zu verwirklichen.« In diesem Satz steckt die Ceausescu-Doktrin.

Brucan hatte sich zum erstenmal 1987, nach den Unruhen in Kronstadt/Brasov, öffentlich zur Lage geäußert. Er konstatierte einen Bruch zwischen der Arbeiterschaft und der Partei und warnte vor dessen Folgen. 1989 war Brucan einer der Initiatoren des Offenen Briefes von sechs Altkommunisten an den Diktator, seither stand er unter Hausarrest.

Nach der Revolution wurde Brucan einer der Sprecher der Front zur Nationalen Rettung. Gleichzeitig suchte er sich auch als ihr Theoretiker zu profilieren. Er schwadronierte viel politologisch allgemein daher und fiel bei den Journalisten durch Arroganz unangenehm auf. Als er sich zu einer Elite-Theorie zur künftigen politischen Leitung des Landes verstieg (sinngemäß: das Volk sei dumm, es müsse geführt werden), mußte er sich aus der ersten Reihe zurückziehen.

Brucan entfaltete nach der Revolution eine rege publizistische Tätigkeit. Im Frühsommer 1990 veröffentlichte er seine gesammelten Artikel und Aufsätze in einem Band mit dem zeittypischen Titel: *Markt und Demokratie*. Brucan präsentiert sich in diesen Texten als Gewandelter. So beginnt ein Aufsatz, der den bezeichnenden Titel »Ohne Ismen und Partei« trägt, mit der Feststellung:

Um Klarheit in die ideologische Konfusion zu bringen und die Beziehung zwischen Theorie und sozialer Praxis wieder herzustellen, müssen wir mindestens für einige Zeit auf Begriffe wie Sozialismus, Kommunismus, Kapitalismus, Faschismus usw. verzichten. (Und:) In den kommenden Monaten werden wir nicht nur die Demokratie lernen müssen, sondern auch das Denken ohne Dogmen, ohne Vorurteile, ohne Ismen. Nur so werden wir eine neue theoretische Vision über Welt und Gesellschaft, so wie diese sich an der Schwelle zum 21. Jahrhundert zeigen, entwickeln können.

Brucan ist bemüht, von der Welt der Technokraten wie ein Technokrat zu reden. Brucans Äußerungen sind damit repräsentativ für das Denken innerhalb der Front. Mit der Front sind in Rumänien die Ingenieure an die Macht gekommen. Es geht ihnen in erster Linie um Modernisierung. Sie scheinen weiterhin einen ungebrochenen Glauben an die Möglichkeiten einer rumänischen Wachstumsgesellschaft zu haben und einen technokratischen Dirigismus in der Wirtschaft zu befürworten. Für viele von ihnen galten die Dummheit des Diktatorenpaars und die Antiquiertheit des Marxismus-Leninismus als die Hemmschuhe einer modernen Entwicklung des Landes. Diese Leute haben das Bedürfnis zeitgemäß zu sein.

Einer ihrer Vertreter ist der von Iliescu ernannte Chef der provisorischen Regierung und mittlerweile auch durch die Wahlen bestätigte *Petre Roman*. Roman (geb. 1946) ist für die Mittvierziger repräsentativ, die in Rumänien zur Zeit die politische Szene beherrschen. Roman ist ein Nomenklatura-Angehöriger der zweiten Generation. Sein Vater, Valter Roman, war noch in der Vorkriegspartei, er kämpfte im spanischen Bürgerkrieg, nach der Machtübernahme durch die Stalinisten in Rumänien bekleidete er verschiedene Ämter, war in den frühen Fünfzigern als ehemaliger Spanienkämpfer zeitweise in Ungnade gefallen. Zuletzt leitete er den Politischen Verlag. Er starb am Anfang der achtziger Jahre. Valter Roman war jüdischer Herkunft, die Mutter von Petre Roman ist Spanierin. Der Sohn führte das behütete Leben der Nomenklatura-Kinder, er studierte u. a. in Toulouse in Frankreich. Petre Roman war bis zur Revolution Hochschullehrer in Bukarest, politisch hatte er sich bis zu dem Zeitpunkt nicht betätigt. Die Kinder der Nomenklatura hatten nicht nur bessere Lebensbedingungen als der Rest, sie hatten auch die besseren Ausbildungsmöglichkeiten, den größeren Horizont. Sie sind weltgewandt, haben aber oft ein verzerrtes Bild von der tatsächlichen Situation im Lande. Die meisten von ihnen haben den surrealen Alltag der Diktatur nie richtig erlebt. So sind sie gleichzeitig geeignet und ungeeignet zur Führung des Landes. Ökonomische und psychologische Fehleinschätzungen sind zu erwarten.

Ein planstaatlicher Weg zur Marktwirtschaft?

Die Roman-Regierung besteht aus Technokraten, vor allem aus dem Hochschulbereich. Bloß Kulturminister *Plesu* und Verteidigungsminister *Stanculescu* gehören nicht zu diesem Kreis. Sie stammen aus dem Zufallsmechanismus der Revolution und wurden als einzige Minister aus der provisorischen Regierung übernommen. Plesu soll offenbar die kritische Intelligenz beruhigen, Stanculescu die Generäle bei der Stange halten.

Die Roman-Regierung hat sich mit einem Modernisierungsprogramm vorgestellt. Die Einführung der freien Marktwirtschaft und die Dezentralisierung wurden angekündigt. Die Antrittsrede des Ministerpräsidenten beschränkte sich jedoch weitgehend auf wohlklingende theoretische Ankündigungen. In der Praxis ist von den Vorhaben nicht viel umgesetzt worden. Ein Gesetz über die private Initiative aus dem Frühjahr wirkte nicht gerade ermutigend für Unternehmer. Es schreibt eine Obergrenze von 20 Angestellten vor, zu hohe Steuersätze und ausbeuterische Kreditbedingungen. Hinzu kommt der Boykott durch die Bürokratie und die tiefe Krise der rumänischen Wirtschaft. Die Staatswirtschaft genießt weiterhin alle Prioritäten, bereits im Sommer wurden einschneidende Diskriminierungen den privaten Kleinunternehmern gegenüber getroffen. So wurde die Belieferung von Privatbetrieben durch Staatsunternehmen untersagt, Staatsbetriebe hätten Vorrang, hieß es, und es herrsche Mangel.

Wollte die Front tatsächlich eine radikale marktwirtschaftliche Umgestaltung durchführen, so richtete sich das gegen ihre eigene Klientel. Einen bedeutsamen Teil der Frontbasis und auch ihrer Hierarchie stellt der alte Staatsapparat, vor allem sein ökonomischer Arm. Durch radikale Reformen würden ja die Verbindungsglieder der zentralistischen Wirtschaft, vom Betrieb zum Ministerium, verschwinden. Die Betriebe sind mit Ingenieuren übersetzt. Während der Ceausescu-Diktatur suchte man sich halt ein warmes Plätzchen, wo wenig zu tun war und ein Gehalt gezahlt wurde. Die regionalen und lokalen Bonzengruppen installierten überall ihre Verwandtschaft und Bekanntschaft. Bei einer Privatisierung der Landwirtschaft wäre die gesamte aufgeblähte Agrarbürokratie überflüssig. Es gibt LPGs, die mehr Beamte als Landarbeiter auf der Lohnliste haben. Eine Redewendung der Ceausescu-Zeit besagt: Drei mit der Mappe, einer mit der Hacke.

Vor den Wahlen im Mai 1990 propagierte die Front einen langsamen, kontrollierten Übergang zur Marktwirtschaft. Die sozialen Auswirkungen des Übergangs sollten gemildert werden. Die führenden Leute der Front, auch Iliescu, auch Brucan, sprachen wortreich von diversen Modellen. Die Diskussion über die Modelle hatte aber eher Biertischniveau. Mal schwebte den Rednern der schwedische Sozialstaat vor, mal der österreichische, mal fanden sie das Schwellenland Süd-Korea attraktiv. All das zeugt von einem ziemlich nebulösen Bild von den ökonomischen, sozialen und finanziellen Voraussetzungen Rumäniens. Rumänien ist weder von der Wirtschaftskraft noch von der zivilen Gesellschaft her mit Schweden und Österreich vergleichbar, mal abgesehen davon, daß die beiden Sozialstaatsmodelle seit ein paar Jahren die Krise ihrer sozialen Einrichtungen erleben. Süd-Korea kommt als Entwicklungsland der tatsächlichen Situation Rumäniens gewiß näher, es hatte aber nicht mit stalinistischen Strukturen zu kämpfen und auch nicht mit realsozialistischem Arbeitsbewußtsein. Unter Ceausescu wurde Rumänien mehrfach mit Nord-Korea verglichen. Aber auch Süd-Korea ist kein leuchtendes Beispiel einer Demokratie. Sein Niveau als einer der vier »kleinen Drachen« des südostasiatischen kapitalistischen Wachstumsschubs wurde auf dem Wege einer Modernisierungsdiktatur erreicht. Will die Front einen solchen Weg gehen?

Dirigismus als rumänischer Sonderweg

Der Dirigismus hat eine lange Geschichte in Rumänien, eine lange und verheerende. Rumäniens Integration in den Weltmarkt beginnt erst um 1830, nach dem Frieden von Adrianopel, der die rumänischen Provinzen Moldau und Walachei zu russischem Besatzungsgebiet machte. Bis dahin waren die beiden Provinzen Zulieferer der osmanischen Hohen Pforte gewesen. Es war ein Agrargebiet, in dem der Großgrundbesitz vorherrschend war. Die rumänischen Provinzen waren vom Osmanischen Reich nur mittelbar durch Tribut und Zwangsabgaben beherrscht worden. Die Oberschicht war eine einheimische und die Arbeits- und Sozialbeziehungen waren rückständig, feudal geblieben. In der zweiten Hälfte des Jahrhunderts wurden Leibeigenschaft und Fronarbeit, nach ihrer gesetzlichen Streichung, in anderer Form weitergeführt: die Bauern wurden zu Pachtarbeitern auf den Gütern, die willkürlichen und undurchsichtigen Arbeitsverträge stürzten sie bald in einen Schuldenzwang, Teile dieser Schulden mußten durch Arbeit auf den Gütern abbezahlt werden, die verschuldeten Bauern durften die Dörfer nicht verlassen. Dabei war die Frage des Bodenbesitzes höchst unklar, weil die Bojaren, der Landadel, ihre Besitztitel im modernen juristischen Sinn erst 1864 erhalten hatten. Ihre Legitimität war in den Augen der Bauern fragwürdig. Das Land steuerte durch seinen sich entwickelnden Agrarexport auf eine deutliche Monokultur zu: Weizen, Mais. Was produziert wurde, wurde exportiert, war den Schwankungen der Preise des Weltmarkts ausgeliefert. Die Bevölkerung hungerte. Die Bojaren lebten in der Regel nicht mehr auf ihren Gütern, sondern in Bukarest, das zur einzigen Agglomeration städtischen Lebens wurde. Das Hinterland, die Ebene, war eine zur Ausbeutung freigegebene Ödnis. Pächter besorgten die lückenlose Ausbeutung, unter ihnen befanden sich viele Juden, was eine Erklärung für den wachsenden Antisemitismus ergibt. Die Oberschicht in Bukarest lebte verschwenderisch, die Bauern arbeiteten dumpf vor sich hin. Zusammengehalten wurde das Ganze durch eine korrupte, tentakuläre Bürokratie. Der Kleinstaat Rumänien (Moldau und Walachei) hatte mehr Staatsbeamte als Frankreich.

Das politische Leben wurde von zwei Parteien bestimmt, die die beiden Hauptströmungen der Oberschicht vertraten: Konservative und Liberale. Die neuentstandenen bürgerlichen Gruppen verfolgten eine rasche Modernisierung des Landes. Sie fanden sich in der vom Bratianu-Clan beherrschten Liberalen Partei zusammen. Der Bratianu-Clan beherrschte die Liberale Partei bis zu ihrem Verbot nach dem zweiten Weltkrieg. Ein Nachfahre dieser Familie versucht auch heute wieder mit einer politischen Gruppierung Fuß zu fassen. Für die Anhänger der

Europäisierung bedeutete Modernisierung rasche Industrialisierung.

Sie bezweckte eine forcierte Industrialisierung des Landes aus eigenen ökonomischen und finanziellen Mitteln und wurde vor allem durch Schutzzölle möglich gemacht. Die Idee war eine Ableitung aus den Thesen des deutschen Nationalökonomen Friedrich List. Sie steht am Anfang des rumänischen Dirigismus, der allerdings weitgehend erfolglos blieb.

Eine *nationalistische ökonomische Schule* war in Rumänien durch die Begegnung mit der europäischen Wirtschaft bereits um die Mitte des 19. Jahrhunderts entstanden. Dabei wurde der Protektionismus zum Instrument der Nationalisten. Begründer der Schule war der frühverstorbene Dionisie Martian (1829-1865). Martian war Siebenbürger und hatte in Wien studiert. Er wurde 1859, nach der Bildung des rumänischen Kleinstaats, Direktor des Statistischen Büros. Seine Arbeit wurde von Petre Aurelian (1833-1909) fortgesetzt, der auch das Vorwort zur 1887 erschienenen rumänischen Ausgabe von Lists *Das nationale System der politischen Ökonomie* schrieb. Weitere ideologische Beiträger zur nationalistischen Ökonomie waren der Nationaldichter Eminescu, der Schriftsteller Hasdeu und der Historiker Xenopol. Die Ideen der nationalistischen Schule wurden in zahlreichen Gesetzen der Jahrhundertwende umgesetzt. Die entscheidenden waren die Schutz-Zollgesetze von 1886 und die Gesetze zur Förderung der nationalen Industrie von 1912, die auch in der Zwischenkriegszeit das wichtigste Instrument der rumänischen Wirtschaftspolitik blieben.

Seinen zweiten Schub erhielt dieser Dirigismus nach dem ersten Weltkrieg. Vintila Bratianu aus dem liberalen Bratianu-Clan prägte die Parole: »Durch uns selbst«, die den neuen Industrialisierungsanlauf benennen sollte. Durch die bolschewistische Machtübernahme in Rußland war die von den Liberalen lange anvisierte Bodenreform durchsetzbar geworden. Das Land hatte im Ergebnis der Friedensverträge sein Territorium verdoppelt; man lebte in einem nationalen Rausch, und sah nun endlich die Voraussetzungen gegeben, um aus dem als demütigend empfundenen Stand des Entwicklungslandes herauszukommen. Die Quintessenz des ökonomischen Denkens im Rumänien der Zwischenkriegszeit findet sich in den Werken des Wirtschaftswissenschaftlers und Politikers *Mihail Manoilescu*. Manoilescu greift die Thesen des »Durch uns selbst«-Programms nochmals auf, geht aber einen bedeutenden Schritt weiter und stellt fest, daß die unabdingbare rapide Industrialisierung innerhalb einer pluralistischen Struktur nicht durchsetzbar ist. Er plädiert für den Korporatismus und eine genossenschaftliche Landwirtschaft. Manoilescu plädiert für eine organisierte Wirtschaft und er meint damit deutlich eine Planwirtschaft. Von Thesen, wie sie Manoilescu vertrat, wurde die rumänische Außenhandelspolitik seit den frühen dreißiger Jahren bestimmt. Hohe Einfuhrzölle und Kontingentierungen bestimmten diese Politik. Der Staat erhielt einen maximalen Interventionsspielraum in der Wirtschaft. Seit 1932 war die Nationalbank ermächtigt, den Devisenverkehr zu regulieren und auch zu beschränken. Es gab einen offiziellen, künstlichen Umtauschkurs. Auch die einheimische Wirtschaftspolitk wurde immer mehr zur Staatsangelegenheit. Industriekredite wurden bald zum großen Teil über den Staat abgewickelt. In den späten dreißiger Jahren bedurfte jede unternehmerische Aktivität, Investition oder Ausbau der staatlichen Genehmigung. Das stärkte in erster Linie die Ministerialbürokratie. Manoilescu war Minister in mehreren Regierungen dieser Zeit. Seine Ideen wurden politisch sowohl von dem diktatorischen König Carol II. wie auch nach dessen Sturz vom selbsternannten Marschall und Conducator (Führer) der vierziger Jahre Antonescu politisch gestützt. 1938 war man sogar schon so weit, von Produktionsquoten zu sprechen.

Der Dirigismus jener Zeit ging Hand in Hand mit dem Nationalismus. Der Dirigismus war das Instrument der Elite einer späten Nation. Er war ein Produkt der Frustration der Elite eines Entwicklungslandes. Der Dirigismus ist der zum Zauberstab gewordene Nationalstolz.

So standen die Nationalkommunisten Rumäniens mit ihrem Konzept der Entwicklung und Industrialisierung in einer doppelten Tradition: in der stalinistischen, aber auch in einer einheimischen, rumänischen, die besonders auf der politischen Rechten wirksam geworden war. Manoilescu hat ein Buch über

Die einzige Partei geschrieben, das 1941 in deutscher Übersetzung erschienen ist, der militärisch-faschistische Diktator Antonescu war Hitlers Verbündeter im Krieg gegen die Sowjetunion. Manche der Großprojekte, die die rumänischen Kommunisten später realisierten, gehen auf die Antonescu-Zeit zurück. So das Tunnelprojekt Bumbesti-Livezeni oder die Idee des Donau-Schwarzmeer-Kanals. Die rumänischen Nationalkommunisten sahen sich seit den sechziger Jahren als die kompetenteren Vollender der Projekte ihrer bürgerlichen Vorgänger. So auch Ceausescu selber. Entwicklungskonzepte und forcierte Industrialisierung wurden unter seiner Herrschaft auf die Spitze getrieben.

Die rumänischen Eliten standen seit der zweiten Hälfte des vorigen Jahrhunderts unter dem Druck der Unterentwicklung. Ihr Nationalismus war immer auch die Ideologie einer gelenkten Modernisierung. Daß dieses Konzept wenig erfolgreich war, und eher durch Bürokratie, Kontrolle, Korruption und in seinem nationalkommunistischen Teil durch Repression auffiel, hat seinem Mythos bis heute offenbar wenig geschadet. Die Rumänisierung durch Übernahme von ausländischen Unternehmen am Ende des vorigen Jahrhunderts durch die Liberalen, die Rumänisierungsgesetze Antonescus und der Eisernen Garde am Anfang der vierziger Jahre, die sich vor allem gegen jüdische Unternehmer richteten, und die Parolen des Wahlkampfes im Frühjahr 1990 gegen den »Ausverkauf« des Landes, sind es nicht Facetten desselben Denkens?

Die Dezember-Revolution hat eine Schicht von Ingenieuren an die Spitze des Staates gebracht, die sich selbst gerne als Technokraten bezeichnet. Diese Technokraten könnten durchaus wieder für den bekannten rumänischen Sonderweg eintreten. Unter ihnen gibt es viele, die meinen, allein Ceausescus Dummheit habe die schönen Reformpläne der sechziger Jahre kaputtgemacht. Andererseits haben die dreißiger Jahre eine Konjunktur wie nie zuvor. Sie treten schillernd aus dem Schatten des Verbots.

Die bisher angekündigten Reformen sind dem Druck des Westens zuzuschreiben. Nach dem Bergarbeiter-Pogrom in Bukarest im Juni stand Rumänien international weitgehend isoliert da. Das Tempo der Veränderungen in den anderen osteuropäischen Ländern macht Rumänien zum Außenseiter, uninteressant und kreditunwürdig. Rumänien war unter Ceausescu der erste osteuropäische Staat, der die EG anerkannte, jetzt ist das Land auf der Bewerberliste für Wirtschaftshilfe weit nach hinten gerückt.

Die Roman-Regierung führte im November 1990 Preiserhöhungen durch, ohne an den Besitzverhältnissen und Produktionsmechanismen etwas geändert zu haben. Die neuen Preise sind ebenso unwirklich wie die alten, nur weit höher. Eine Abwertung des *Leu,* die gleichzeitig vorgenommen wurde, blieb maßvoll und verharrte bei einem neuen, gleichfalls künstlichen Kurs. Gesetzesvorlagen über die Regelung von Grund- und Immobilienbesitz und Transfer schlummerten in den Parlamentskammern. Das Parlament schien keine Eile zu haben. Wie die geplante Umwandlung der Staatsbetriebe in Handelsgesellschaften realisiert werden sollte, war schleierhaft. Eines ist sicher: das Staatsmonopol ist in allen Bereichen ungebrochen.

Falls die herrschenden Gruppen es mit der Reformpolitik wirklich ernst meinen, so wird es voraussichtlich einen mit starker staatlicher Hand gelenkten Umbau der Wirtschaft geben, ohne eine wesentliche Ausweitung der zivilen Gesellschaft. Information und Meinungsfreiheit werden weiterhin unter dem Diktat der Macht stehen, die auch in Zukunft die Menschenrechte reglementieren wird.

4
Land ohne Opposition

Ceausescu hatte überall Gegner, außerhalb und innerhalb der Partei. Diese Leute hatten zwei Dinge gemeinsam: ihre Gegnerschaft zum Diktator und ihre Ohnmacht. Zwischen den Ceausescu-Gegnern gab es keinen Dialog. Mircea Dinescu sagte in einem Interview, die Oppositionellen hätten sich im Januar 90, nach dem Sturz des Diktators, zum erstenmal getroffen.

Dafür, daß es keine gewachsene Opposition am Ende der Ceausescu-Herrschaft gab, kann man viele Gründe anführen. Ceausescu hat die Macht 1965 als Nachfolger des stalinistischen Diktators Gheorgiu-Dej übernommen. Die rumänischen Kommunisten hatten seit 1959 einen vorsichtigen Ablösungsprozeß von der Sowjetunion eingeleitet. Es ging um die Machterhaltung. Die Ungarische Revolution und der 20. Parteitag in der Sowjetunion hatten bei den rumänischen Kommunisten einen Prozeß des Nachdenkens ausgelöst. Die sowjetischen Truppen hatten 1958 Rumänien verlassen. Jetzt nützte die rumänische KP Chruschtschows Schwäche aus.

Die rumänische Partei- und Staatsführung beeindruckte seither mit eigenständigen außenpolitischen Initiativen, Neutralität im sowjetisch-chinesischen Konflikt, und mit Lockerungen im Inneren: eine Lockerung in der Kultur erlaubte wieder erste nationale Töne, 1964 wurden durch eine Generalamnestie die politischen Häftlinge freigelassen. Als dann Ceausescu an die Macht kam, galt er als Exponent des Reformflügels in der Partei, seine Politik der sechziger Jahre galt als fortschrittlich, sie entzog einer möglichen Opposition die Themen. Die KP hat seit den frühen sechziger Jahren die nationalen Themen besetzt. Der Stalinismus der fünfziger Jahre galt als ein Moskauer Diktat. Die offizielle Propaganda beschränkte sich nicht auf die Medien. Es gab Themen, die man nicht in die Medien bringen konnte und wollte. Diese wurden als Gerüchte gezielt verbreitet; die Russen sind an den Verbrechen schuld. Das kam der Russenfeindlichkeit in der Bevölkerung entgegen.

Wurzeln des Personenkults

Ceausescu, der sich 1968 weigerte, mit den anderen Warschauer-Pakt-Staaten in Prag einzumarschieren, war der Nationalheld. Die rumänische Gesellschaft empfand die sechziger Jahre als einen Aufbruch. Ceausescu, der Held, konnte sich in aller Ruhe dem Ausbau seiner persönlichen Macht widmen. Ernsthafter Widerstand regte sich gegen ihn in der Bevölkerung erst seit der zweiten Hälfte der siebziger Jahre, als die Ergebnisse einer inkompetenten Führung wirtschaftlich, sozial und kulturell für alle spürbar wurden. Die Reformschritte der sechziger Jahre und die in den frühen Siebzigern folgenden hohen Geldspritzen aus dem Westen hatten den Lebensstandard der Bevölkerung zeitweilig verbessert.

Aber Ceausescus Größenwahn, die zur Parodie gewordene Schaffung nutzloser Industriegiganten, hatten dem bald ein Ende gemacht. 1977 kam es zur Gründung einer Menschenrechtsbewegung in Rumänien um den Schriftsteller *Paul Goma,* im gleichen Jahr streikten die Bergarbeiter im Schiltal, zwei Jahre danach gab es den Versuch der Gründung einer freien Gewerkschaft. All das wurde von der Securitate brutal unterdrückt. Menschenrechtler und Gewerkschafter wurden zur Ausreise genötigt, ein Teil der aufmüpfigen Bergarbeiter wurden mit ihren Familien in andere Landesteile zwangsumgesiedelt. Die siebziger Jahre sind gekennzeichnet durch den systematischen Machtausbau des Ceausescu-Clans. Die Willkür des Diktators und seiner Frau Elena beherrschen die Wirtschaft des Landes, der Personenkult zerstört die Kultur.

Die Wurzeln dieses Personenkults, der eng mit der nationalistischen Geschichtsklitterung verknüpft war, lassen sich bis weit in die sechziger Jahre zurückverfolgen. Der Personenkult kam nicht über Nacht, er war von langer Hand vorbereitet und an ihm haben viele mitgewirkt. Hier ein Bericht aus der Bukarester Tageszeitung *Neuer Weg* vom 16.5.1967:

In Paulesti – Im Heerlager Mihais des Tapferen.
Von Bucov fährt die Wagenkolonne nach Cimpina. Ein Weg, der ruhmreiche, unserem Volke teure Erinnerungen wachruft. In der Lichtung im Wald von Paulesti, wo der tapfere Fürst Mihai vor 368

Jahren sein Heerlager aufgestellt hatte, bevor er den Angriff auf die Karpaten vornahm, macht die Wagenkolonne halt.

Trompetenklänge begrüßen die Gäste bei ihrem Eintreffen. In der großen Waldlichtung wimmelt es von Soldaten in den Trachten jener Zeit und von Militärzelten. Mit Segeltuch überdachte Wagen grenzen das Heerlager ab. Von Trompetern und Trommlern, von den Hurrarufen der Tausenden Anwesenden begrüßt, begeben sich die Gäste zum Zelt Mihais. Und wie vor Jahrhunderten tritt er in Begleitung seiner acht Hauptleute und den Bojaren seines Rates aus dem Zelt, steigt die Treppen aus Eichenbohlen hinab und heißt die Führer des sozialistischen Rumäniens willkommen.

Eine Gruppe des Staatstheaters von Ploiesti läßt den feierlichen Augenblick wieder aufleben, da Mihai und seine Hauptleute schwören, alle von Rumänen bewohnten Gebiete, die durch die Stiefmütterlichkeit der Geschichte auf drei Bruderländer aufgeteilt worden waren, unter einem einzigen Zepter zu vereinigen. Die Fahnen des Landes werden von den Fürsten gebracht. Zum Zeichen des Schwures berührt der Fürst die Fahne mit seinem Schwert, und seine Hauptleute bekräftigen den Schwur, indem sie mit ihren eigenen Schwertern das Schwert ihres tapferen Fürsten berühren. Die Tausenden in der Waldlichtung versammelten Soldaten zücken ihre Waffen und rufen wie ein Mann: »Wir schwören, wir schwören, wir schwören!«

Zu Ehren der Führer des sozialistischen Rumäniens werden aus den 18 Bronzegeschützen mit dem Wappen Mihais des Tapferen drei Salutsalven abgefeuert. Unter den Klängen der Hora Unirii beginnt eine Hora, an der auch die Partei- und Staatsführer teilnehmen.

Unter den Hurrarufen und den Ovationen der Tausenden Anwesenden nehmen die Gäste Richtung auf Ploiesti.

So erscheint der Personenkult eher als das Ergebnis der korrupten Umgangsformen in der rumänischen Gesellschaft denn als bloße Ausgeburt der psychopathischen Gedankenwelt eines Diktators, wie man es nachträglich gerne darstellt. Die Bereitschaft der Gesellschaft zum Personenkult war ebenso folgenreich wie die Neigung des Diktators.

In den achtziger Jahren machte sich eine tiefe Resignation breit. Die Menschen waren mit den Sorgen des täglichen Lebens beschäftigt. Alpträume von Hunger und Kälte beherrschten den

Kopf. Angst und Mißtrauen waren die Grundgefühle im Polizeistaat Rumänien, Korruption und Opportunismus die gesellschaftlichen Entsprechungen. Das Wissen um die Allgegenwart der Securitate verhinderte jede Solidarität im Ansatz. Die Angst vor der Bespitzelung war so groß, daß jede kritische Äußerung von einem Unbekannten zuerst einmal als Provokation empfunden wurde. Die Angst war das Pfund, mit dem die Securitate wucherte.

Gesellschaft ohne Politik

Nur wenige Einzelne wehrten sich noch. Eine Samisdat-Publikation *Ellenpontok* (Kontrapunkte), von ungarischen Intellektuellen in Siebenbürgen herausgegeben, wurde bald entdeckt, die Autoren wurden zur Emigration gezwungen. Es war der einzige Versuch einer Untergrund-Publikation in den frühen achtziger Jahren. Seither meldeten sich nur noch einzelne zu Wort: Schriftsteller, Intellektuelle, Arbeiter. Ihre Form des Protestes war der Offene Brief, das Interview, der Hungerstreik. Bekanntgemacht wurden ihre Aktionen über ausländische Medien, für das Inland waren dabei die Sendungen von Radio »Freies Europa« in München entscheidend.

Von den offiziellen Medien wurden alle Protestaktionen totgeschwiegen. Offiziell wurde gegen die Dissidenten nicht einmal polemisiert. Sie wurden ignoriert und isoliert, unter Hausarrest gestellt, und sie blieben allein. Die Securitate verleumdete sie in gezielt verbreiteten Gerüchten, ließ in vielen Fällen den Eindruck entstehen, sie seien tot, unter ungeklärten Umständen ums Leben gekommen. Die Motivation dieser Einzelgänger war meist moralischer Natur, ohne präzise politische Programmatik. Es waren Menschen, die nicht mehr Zuschauer oder Teilnehmer an dem großen Verbrechen des Ceausescu-Clans sein wollten und konnten. Bis weit in die achtziger Jahre hinein ist es der Securitate gelungen, diese Menschen zur Auswanderung zu drängen. So auch den Schriftsteller *Dorin Tudoran,* der das Plagiat des Hofdichters und Securitate-Mitarbeiters Eugen Barbu denunzieren wollte und über die anschließenden Schikanen zu einer grundsätzlichen Kritik am Ceausescu-Regime gelangte.

Schwieriger war es mit dem orthodoxen Priester *Gheorghe Calciu-Dumitreasa,* der erst nach vier Jahren Gefängnis in die USA abgeschoben wurde. Er hatte in seiner Bukarester Kirche Predigten für die Jugend gehalten. Calciu war bereits in den fünfziger Jahren im Gefängnis gewesen, er ist einer der Überlebenden des grausigen Experiments von Pitesti. Seine Priesterberufung resultierte aus diesen schrecklichen Erfahrungen. Im Gefängnis Pitesti hatte man von 1949 bis 1952 ein System der Denunziation und Selbstdenunziation unter den Häftlingen, vor allem gewesene Studenten und Legionäre, entwickelt, bei dem die Häftlinge sich gegenseitig verhören und foltern mußten. So war jeder Einzelne Täter und Opfer zugleich. Ziel war die definitive Zerstörung der Persönlichkeit. Teil des Rituals war beispielsweise die detaillierte Schilderung von Inzesthandlungen oder der Verzehr von Fäkalien. Dieses Gefängnis ist ein beispielloser Fall in der Geschichte des Stalinismus.

Mit der wachsenden Verzweiflung, und unter dem Druck der osteuropäischen Entwicklungen, vermehrte sich auch die Zahl der Proteste gegen die Ceausescu-Diktatur. Parolen auf den Wänden, Flugblätter wurden immer häufiger. Es gelang nicht mehr, die Leute ins Ausland abzudrängen. Am 15.11.1987 kam es zum offenen Aufruhr der Arbeiter im siebenbürgischen Kronstadt (Brasov), der von der Securitate brutal unterdrückt wurde. Bekannte Schriftsteller und Intellektuelle griffen Ceausescu in ausländischen Medien an. So die Dichter *Mircea Dinescu* und *Dan Desliu,* der Essayist *Dan Petrescu* und die Hochschullehrerin *Doina Cornea.* Sie alle erhielten Hausarrest, ebenso wie die sechs Altkommunisten, unter ihnen *Silviu Brucan, Alexandru Birladeanu* und *Corneliu Manescu,* die später in der Front zur Nationalen Rettung und im neuen Parlament eine Rolle spielen sollten. Birladeanu wurde Präsident des Senats. Auch *Radu Filipescu,* der wegen einer Flugblattaktion drei Jahre Haft hinter sich hatte, verließ trotz aller Drohungen und Schikanen der Securitate das Land nicht. Zum erstenmal war das Regime durch die Dissidenten verunsichert. Aber es kämpfte immer noch gegen Einzelne. Keine Organisation kam zustande, keine konnte zustande kommen.

Unter Ceausescu gab es keinerlei politische Strukturen, weder der Opposition noch der Macht. Der Diktator hatte nicht nur das Entstehen oppositioneller Gruppen verhindern können, er hat auch die stalinistischen Institutionen entpolitisiert. In Rumänien wurde keine Politik mehr gemacht, auch keine kommunistische. Ceausescu hat einen Polizeistaat eingerichtet. Bei einem Verhör sagte ich in den siebziger Jahren einem Securitate-Offizier gegenüber, wir, die Autorengruppe, der ich angehörte, seien Linke. Seine Antwort war: »Das interessiert uns nicht, wir achten bloß darauf, ob ihr die Gesetze übertreten habt oder nicht.« Der Polizeistaat braucht kein politisches Denken, weder ein oppositionelles noch ein loyales. Der Polizeistaat verlangt bedingungslose Unterordnung. Ceausescu hat das Land mit einer Befehlsstruktur überzogen. Alle Institutionen waren Ausführungsapparate, auch die Kommunistische Partei. In der Staatsöffentlichkeit machte sich ein militärischer Ton breit. Berichte über Industrieleistungen begannen im Fernsehen nicht selten mit der Formel: Wir melden.

In einem Polizeistaat ist jedes politische Denken suspekt. Das Ceausescu-Regime vertrug die persönliche Initiative nicht. Der Ceausescu-Staat war eine Pyramide, in der sich von oben nach unten die Anweisungen als Losungen bewegten. Von unten kam der Beifall.

Die rumänische Gesellschaft war atomisiert. Für den Aufstand im Dezember war das in den ersten Augenblicken sogar eine Chance. Die Macht, die sich ganz auf den Diktator konzentrierte, war in seiner Abwesenheit nicht funktionsfähig. Für den Augenblick der Machtübernahme war es aber fatal. Die Aufständischen hatten keine Organisation, kein Programm und keine Führung. So konnten sich die Putschisten, Konspirateure und Angehörigen des Establishments politisch durchsetzen. Und selbst sie mußten sich eine Organisation erfinden: die Front zur Nationalen Rettung. Der Dezember war die Stunde der Improvisation.

Die »historischen« Parteien auf der Suche nach einer Basis

Die Opposition mußte sich erst formieren. In Rumänien gab es keine Blockparteien, deren Strukturen man hätte benützen können. Es gab nur die Möglichkeit des Rückgriffs auf das Spektrum der Zwischenkriegszeit und die Möglichkeit von Neugründungen. Die erste Partei, die sich sofort nach dem 22. Dezember in der Öffentlichkeit zurückmeldete, war eine große Partei der Zwischenkriegszeit, die *Nationale Bauern-Partei*. Sie hatte die Sympathie der prominenten Dissidentin Doina Cornea, im Parteivorstand sitzt der bekannte national-konservative Dichter Ioan Alexandru. Die Partei gab sich im Namen den Zusatz »christlich und demokratisch« und empfahl sich als Alternative zum Kommunismus. Die Partei-Zeitung *Dreptatea* (Gerechtigkeit) erscheint unter der Parole: Tribüne des Kampfes gegen den Kommunismus.

Die Nationale Bauern-Partei ist 1926 aus einer Fusion zwischen der Bauern-Partei aus dem Altreich und der Nationalen Partei aus Siebenbürgen hervorgegangen. Die Bauern-Partei des Altreichs war eine schwer einzuordnende populistische Partei mit sozialer Komponente im Programm. Die Nationale Partei vertrat im k. u. k. Imperium die Interessen der Rumänen, sie war dadurch mehr Interessengemeinschaft als politische Partei. Die Fusion hatte ursprünglich den Charakter eines Wahlbündnisses, sie blieb oberflächlich. Die Nationale Bauern-Partei war in der Zwischenkriegszeit bis zum Parteienverbot von 1938 eine Partei mit vielen widersprüchlichen Tendenzen und Strömungen, sie pendelte um die Mitte des politischen Spektrums, es gab Abspaltungen, Dissidenzen.

Auch die zweitgrößte Partei der Zwischenkriegszeit, die *National-Liberale Partei* meldete sich ins politische Leben zurück. Diese Partei hatte ihren Ursprung im Altreich, sie scharte in den frühen Zwanzigern auch Dissidenzen der Nationalen Partei Siebenbürgens um sich. Die National-Liberale Partei vertrat vor allem die Interessen des aufstrebenden rumänischen Bürgertums, das im Konflikt mit dem Großgrundbesitz stand. Die Partei war urban, in ihr waren auch viele Intellektuelle. Sie war an den Unternehmer-Clan Brateanu gebunden, der über mehrere Generationen die Parteiführer stellte. Auch in der National-Liberalen Partei gab es mehrere Abspaltungen und Dissidenzen. Es gab einen Konflikt zwischen Alten und Jungen, der dazu führte, daß die Jungen sich unter gleichem Parteinamen getrennt organisierten und erst nach sieben Jahren wieder in die Partei zurückkehrten. Ein Generationskonflikt ist auch jetzt wieder in der rekonstruierten Partei entstanden, er hat zum Austritt einer Gruppe junger Politiker geführt, die sich im Juli 1990 als »Junger Flügel« selbständig organisiert haben. Eine weitere Dissidenz stellt die »Liberale Union-Brateanu« dar. Sie wird von einem Nachkommen des Brateanu-Clans angeführt und soll so die politische Familientradition fortsetzen.

Auch von der Nationalen Bauern-Partei hat sich eine regionale Organisation in Craiova abgespaltet. Sie tritt unter dem Namen *Unabhängige Nationale Bauern-Partei* auf. Die Alt-Parteien sind noch weitgehend organisatorisch und politisch ungefestigt. Sie stützen sich noch stark auf ihren Ruf aus der Zwischenkriegszeit. In ihrer Führung sind meist alte Männer, Überlebende des rumänischen Gulags und heimgekehrte Emigranten. Sie wollen die Macht nicht mit der Jugend teilen, was für ihre Parteien fatal sein kann.

Die Programme der beiden Parteien sind noch sehr allgemein und diffus. Sie geben sich antikommunistisch und plädieren für die rasche Einführung der Marktwirtschaft, für die Privatinitiative. Vor allem die Nationale Bauern-Partei hat aus ihrem politischen Repertoire der Zwischenkriegszeit auch die nationalistischen Themen hervorgeholt.

Ungeklärt ist auch die Frage der sozialen Basis für diese Parteien. Es gibt im heutigen Rumänien weder eine selbständig arbeitende Bauernschaft noch ein mit privater Industrie verbundenes Bürgertum. Eine vorläufige Basis kann sich also nur auf moralischer Ebene, im Kampf für die Demokratisierung des Landes, gegen den totalitären Apparat ergeben. Daß man sich seines unsicheren Bodens bewußt ist, zeigen die Äußerungen des Sprechers der Jungliberalen in einem Interview der Bukarester Zeitung *Neuer Weg* vom 8.8.1990, Dinu Patriciu. Er plädiert für eine explizit auf die Schaffung einer Mittelschicht abzielende staatliche Strategie. Patriciu:

Wir glauben, daß man die private Initiative weit entschiedener fördern müßte. Hier sind Vergleiche mit anderen Entwicklungsländern fällig. Wir müssen zugeben, daß Rumänien (...) wegen des Chaos in der Wirtschaft und wegen des Rückstands, was die Fähigkeit der schnellen Umstellung der ökonomischen Strukturen anbelangt, zur Dritten Welt gehört. Es gibt Beispiele aus der Dritten Welt für eine Politik, die rapide zur Bildung einer ›middle class‹ und zu wirtschaftlichem Wohlstand führten. Süd-Korea ist diesbezüglich aufschlußreich. Mehrere Länder der Dritten Welt, die denselben politischen Prinzipien folgen, die wir befürworten, haben sich viel schneller entwickelt, als andere Strategien es erlaubt hätten.

Eine weitere Gruppierung der Zwischenkriegszeit, die sich zurückgemeldet hat, ist die *Sozialdemokratische Partei*. Es ist eine kleine Partei, deren Überlebenschancen noch ungesichert sind. In ihr haben sich vor allem die Überlebenden der alten Sozialdemokratie versammelt, die Partei hat einen stark nostalgischen Zug. Die Sozialdemokraten haben auch in der Zwischenkriegszeit nie eine große Rolle gespielt, eher eine marginale. Im rumänischen Altreich war die Sozialdemokratie eine zeitweilige Abspaltung der Liberalen gewesen, es gab kaum eine soziale Basis für die Partei in dem Agrarland ohne allgemeines Wahlrecht. Der neue Ansatz in den zwanziger Jahren war durch den Gegensatz zu den abgespaltenen Kommunisten und auch durch unterschiedliche Strömungen in der Restpartei bestimmt. Die Sozialdemokratie der Zwischenkriegszeit war eine Verbindung von organisierter Arbeiterschaft, Handwerkern und linken Intellektuellen. Ihre Basis war regional im neu entstandenen Staat Groß-Rumänien sehr verschieden, auch was Herkunft und Traditionen anbelangt. Die Sozialdemokratie der Bukowina, Siebenbürgens und des Banats bezog sich auf Budapest und Wien, die der Moldau auf russische Einflüsse. Viele Angehörige von Minderheiten waren in dieser Partei. Es gab zeitweise faktisch drei Parteien, die Strömungen waren sozialdemokratisch und sozialistisch. Die organisierte Arbeiterschaft war im Rumänien der Zwischenkriegszeit auch zahlenmäßig für eine sozialdemokratische Massenpartei zu klein.

1948 wurde, wie überall in Osteuropa, eine Zwangsvereinigung der Sozialdemokraten mit den Kommunisten vorgenommen. Wer nicht mitmachte, wanderte ins Gefängnis. Der Stalinismus vernichtete in den fünfziger Jahren nicht nur die bürgerliche politische Klasse, sondern mit auffallender Hartnäckigkeit auch die Sozialdemokratie.

Schwer wiegt auch, daß der Stalinismus nicht nur die Idee des Sozialismus kompromittiert hat, sondern jedes Bestreben nach sozialer Gerechtigkeit insgesamt. Der totalitäre Umgang mit Ideen zerstört diese. Für viele Menschen heißt sozial nichts weiter als kommunistisch. Für manche ist sogar der Begriff Politik identisch mit Kommunismus, genauer: mit kommunistischem Betrug.

Ein weiteres Hindernis für die Sozialdemokraten ist, daß die Front sozialdemokratische Positionen besetzt. In der rumänischen Öffentlichkeit wird die Front, soweit sie politisch überhaupt einzuordnen ist, als Zentrum-Links-Bewegung eingestuft.

Die Front war ursprünglich bemüht, eine gesamtgesellschaftliche Klammer zu bilden. Nachdem sie aber das Mehrparteiensystem akzeptieren mußte, gestaltete sie die Parteiengründung äußerst einfach. 256 Unterschriften und ein Programm genügten zur Registrierung. Die Front versuchte, die Opposition durch Zersplitterung unbedeutend zu halten. In der Folge entstanden zahllose politische Gruppen mit verwirrend ähnlichen Namen und fast identischem Programm. Jede Stammtischrunde schien sich in eine Partei zu verwandeln. Diese Parteien bestanden in vielen Fällen bloß aus ihren Vorständen. Die meisten definierten sich als Zentrumsgruppierungen. Einige sind nichts weiter als Satellitenparteien der Front.

Eine nennenswerte Basis haben, nach dem Wahlergebnis zu urteilen, allein die ökologischen und die nationalistischen Gruppen. Zwei ökologische Organisationen haben sich mit einem oder zwei Abgeordneten parlamentarisch durchgesetzt: die *Ökologische Bewegung* und die *Ökologische Partei*. Ihre Anhänger kommen eher aus dem akademischen Milieu. Die ökologische Parteinahme für ein »sauberes Rumänien« ist allerdings politisch noch schwer einzuordnen.

Die *nationalistischen* Gruppen haben sich ein Rückgrat in der Bewegung »Vatra Romaneasca« (Rumänische Heimstatt) geschaffen. Diese tauchte zum erstenmal in Siebenbürgen im Februar, im Zuge der Auseinandersetzungen um die Forderungen der ungarischen Minderheit, auf. Sie wurde damals mit chauvinistischen und faschistoiden Formulierungen zitiert, deren Autorschaft sie aber später leugnete. Mittlerweile versteht sich die »Vatra Romaneasca« als Kulturgesellschaft, sie tritt als Verteidigerin der nationalen rumänischen Werte auf. Im Parlament wird sie von der *Allianz »Rumänische Union«* vertreten.

Über das Fehlen demokratischer Traditionen

Die Gründung der »Vatra Romaneasca« stellt das Signal für die Verlagerung der öffentlichen Diskussion von der Demokratisierung der Gesellschaft auf die nationale Frage dar. Es gibt Querverbindungen der Vatra zur Front, zum Staatsapparat und zu Securitate-Leuten. Die Vatra ist eine Organisation, die nationalistische Emotionen bindet und sich vorzüglich zur politischen Diversion eignet; ihr Impetus ist vorrangig ein antiungarischer. In ihr sind viele Intellektuelle, vor allem aus dem Hochschulbereich, aktiv.

Es gibt in Rumänien mittlerweile mehr als hundert Parteien. Eine Stabilisierung ist im politischen Spektrum vorläufig nicht abzusehen. Der Mangel gewachsener politischer Strukturen hat schwerwiegende Folgen für das politische Leben. Weitere Parteigründungen, Spaltungen und Dissidenzen sind zu erwarten. Die Frage ist, ob sich die Front über einen längeren Zeitraum als einheitliche Organisation erhalten läßt oder ob nicht auch sie in mehrere Strömungen zerfallen wird, etwa in eine technokratische, von der technischen Intelligenz getragene und eine bürokratische, des vom realen Sozialismus geprägten alten Staatsapparats. Die eine würde den Umbau favorisieren die andere am status quo festhalten.

Es gab im modernen Rumänien niemals genügend gesicherte politische Traditionen. Auch das Parteienspektrum der Zwischenkriegszeit wirkte improvisiert. Rund dreißig Parteien konkurrierten miteinander um die Macht. Viele von ihnen stellten eher Interessengruppen dar. Die ideologischen Abgrenzungen waren unscharf. Korruption und Demagogie, Affären und Intrigen beherrschten die Szene. Wechselnde Koalitionen waren die Regel. Rumänien hatte von 1926 bis 1938, innerhalb von 12 Jahren also, 19 Regierungen. Rumänien war eine konstitutionelle Monarchie, in der sich die Parteien und Interessengruppen die Macht mit dem Königshaus teilten. Das Königshaus mischte kräftig in der Politik mit. Entscheidend war die Regelung, daß der König eine Partei mit dem Regierungsamt beauftragte und die entsprechenden Wahlen erst nachträglich von der ernannten Regierungspartei durchgeführt wurden. So beherrschte die Intrige das politische Leben.

Der letzte rumänische König, den die Stalinisten 1947 mit der Pistole aus dem Land gejagt haben, lebt im Schweizer Exil. König *Mihai I.* erkennt die Abdankung nicht an, er hat sich aber bis zum Ende der achtziger Jahre auf Neujahrsbotschaften an das rumänische Volk beschränkt, die regelmäßig über den Sender »Freies Europa« verbreitet wurden. In den letzten beiden Jahren der Ceausescu-Diktatur hat sich der König mit zahlreichen Erklärungen und Aufrufen zu den erschreckenden Vorgängen in Rumänien geäußert. Nach der Revolution hat er von seinem Schweizer Exil aus versucht, in der rumänischen Innenpolitik Fuß zu fassen. Die traditionellen Parteien plädierten sogar für eine Wiedereinführung der Monarchie und die Rückkehr von König Mihai. Der König selber bot seine Dienste als Schiedsrichter des divergierenden Politikfeldes an. Bald schon merkte man aber, daß es weder einen Konsens noch eine Mehrheit in der Bevölkerung für die Rückkehr des Königs gab. Die Front suchte auch die öffentliche Meinung gegen den König aufzubringen, über Nacht entstand eine »Antimonarchische Liga«, die bald wieder aus der Öffentlichkeit verschwand. Dem König wurde schließlich die Einreise nach Rumänien verweigert.

Mihai war bereits in drei verschiedenen Perioden König gewesen. Zuerst als Kind, von 1926 bis 1930, als die National-Liberale Partei die Thronfolge Carols II., der als Abenteurer galt, verhinderte. Carol II. wurde 1930 von der Nationalen Bauern-Partei als König zurückgeholt. Die zweite Amtsperiode Mihais fällt in die Regierungszeit des Marschalls *Antonescu*.

Antonescu hat Carol II. ins Exil gezwungen und den jungen Mihai, von dem keine autoritären Gefahren ausgingen, als für ihn bequemen König eingesetzt. Die Aufgaben des Königs beschränkten sich weitgehend auf Repräsentation. Er durfte beispielsweise gemeinsam mit dem Marschall die rumänischen Truppen an der Ostfront inspizieren. Die Politik machte Antonescu. Rumänien war an der Seite des Dritten Reiches in den Krieg eingetreten. Innenpolitisch war das Regime militärisch-faschistisch.

Eine entscheidende Rolle spielte König Mihai in der von der vorrückenden Roten Armee bestimmten Palastrevolte vom 23. 8. 1944 gegen Antonescu. Er veranlaßte die Verhaftung des Marschalls und seines Außenministers, die er im königlichen Briefmarkentresor einsperren ließ, um sie anschließend an die Kommunisten auszuliefern. So hat Rumänien im letzten Kriegsjahr die Fronten gewechselt, es kämpfte bis Kriegsende auf alliierter Seite und der Königspalast war vorerst gerettet. Ab März 1945 beherrschten die Stalinisten die rumänische Politik. Noch war es die Zeit der Bündnisse. Die Gleichschaltung hatte eingesetzt, die Stalinisten benützten in der Übergangsphase einzelne Gruppen und Persönlichkeiten zu ihrer Legitimation. Den König duldeten sie bis 1947. Die rumänischen Stalinisten prahlten zeitweise sogar damit, daß sie eine kommunistische Monarchie hätten.

Mihai war nie ein starker König, der einen politischen Konsens getragen hätte. Er war meist hilfloses Objekt der Politik, die um ihn herum gemacht wurde. Eine Rolle wie Juan Carlos beim Übergang Franco-Spaniens zur Demokratie kann er nicht ausfüllen. Seine Anwesenheit in der rumänischen Politik würde die Konflikte eher vermehren.

5
Der hilflose
außerparlamentarische Protest

Die außerparlamentarische Opposition hat ihren Ursprung im Dezember-Aufstand. Sie wird von der Jugend getragen. Die jungen Leute haben durch ihren Mut auf den Straßen die Entscheidung im Dezember wesentlich herbeigeführt. Viele von ihnen fühlten sich von der Front zur Nationalen Rettung, die die Macht im Dezember übernommen hat, nicht repräsentiert. In ihr sahen sie außer den Kommunisten auch viele Profiteure, Mitläufer und Kollaborateure der Ceausescu-Diktatur. Wir haben nicht für Spielsachen gekämpft, sagten sie.

Diese jungen Leute wünschten einen radikalen Wandel, einen politischen, ökonomischen und moralischen. Sie hatten gekämpft, und man hatte ihnen die Revolution gestohlen. Aus dieser Frustration wuchs der Protest, der sich zum erstenmal im Januar entlud. Auf einer wilden Demo wurde das Verbot der Kommunistischen Partei und die Wiedereinführung der Todesstrafe gefordert. Die Todesstrafe war von Ceausescu eingeführt worden und von der Front nach der Hinrichtung des Herrscher-Paars abgeschafft worden. Die Befürworter der Todesstrafe wollten die Terroristen der Dezembertage und die Securitate-Bonzen hängen sehen. Auch das Verbot der Kommunistischen Partei ist für Rumänien nicht neu. Die Vorkriegspartei hatte nur in den ersten vier Jahren ihrer Existenz, von 1921 bis 1924, legal arbeiten können, die folgenden 20 Jahre war sie verboten und agierte im Untergrund. Als sie im August 1944, nach der Palast-Revolte gegen Marschall Antonescu, in der Öffentlichkeit auftauchte, hatte sie noch tausend Mitglieder. Innerhalb der folgenden zwei Jahre wurde sie zur Massenpartei und mit Stalins Hilfe zur Regierungspartei. Die Massenpartei der Nachkriegszeit hatte wenig mit der Vorkriegsorganisation zu tun. Sie war ein Sammelbecken für Opportunisten und Karrieristen. Prononcierte ideelle Strömungen gab es in ihr nie. Was diese Partei gedanklich hervorgebracht hat, war eine nationalistischreformerische Ideologie, eine Mischung aus Nationalismus und Marxismus-Leninismus, die in das Ceausescu-Syndrom mündete.

Verratene Jugend

Diese Partei hatte längst jede Beziehung zu den Lebensvorstellungen der Jugend verloren. Die jungen Leute fühlten sich aber auch nicht in den traditionellen Parteien aufgehoben. Diese wurden von alten Männern und Emigranten beherrscht, die oft den politischen Ideen der Zwischenkriegszeit verpflichtet sind.

Die Jugend war besonders im letzten Jahrzehnt der Diktatur alleingelassen. Niemand kümmerte sich um sie. Auch die Intellektuellen nicht. Ansätze, wie die Predigten des 1984 ins Ausland abgeschobenen Priesters Gheorghe Calciu, blieben einsame Initiativen.

Das Regime übte sich in Verboten. Keine Disco, keine Reisen, keine Cola, keine Jeans. Statt dessen: Abtreibungsverbot, patriotischer Arbeitsdienst, zwangszugeteilte Arbeitsplätze. Kein Kino, keine Wohnung. Nur Träume, Träume von der Freiheit. Von der Freiheit, die im Westen ist.

Eine Klammer zwischen Regime und Jugend suchte der Hofdichter *Adrian Paunescu* herzustellen. Paunescu war in den späten sechziger Jahren ein kritischer Dichter, der die reformerischen Parolen der Partei mit Sinn zu füllen suchte. Mit dem Beginn des Personenkults ließ er sich aber auf immer groteskere Lobhudeleien an den Diktator ein, um seine persönliche Position ausbauen zu können. Dichter wie Paunescu haben viel zum rapiden Anschwellen des Personenkults um Ceausescu beigetragen. Sie verfolgten persönliche Macht- und Bereicherungsinteressen, und sie verstrickten sich immer mehr in die Panegyrik, die einen wichtigen Beitrag zur Legitimation der Ceausescu-Herrschaft darstellte. Paunescu gründete mit dem Segen des Diktators einen fahrenden Dichter- und Sängerkreis, der bald unter den jungen Leuten sehr beliebte Konzerte mit Rockmusik und Poesie landesweit veranstaltete. Die nötige Propaganda bestritt die Zeitschrift *Flacara* (Flamme), die sich der Dichter mit seinen Lobgesängen ergattert hatte. Paunescus Konzerte fanden in Sportstadien statt, sie zogen Tausende junger Leute an, und sie trugen viel zu Verwirrung dieser jungen Leute bei. Es waren die einzigen Veranstaltungen dieser Größenordnung, die das Regime erlaubte, die einzigen, auf denen öffentlich mit voller Lautstärke Rockmusik gespielt werden durfte. Hier konnte man ekstatisch tanzen, ohne von der Miliz gestört zu werden. Aber die Musik war nicht nur mit schöner rumänischer Poesie, sondern auch mit einem aggressiven Nationalismus und Personenkult garniert. Die Mischung von Rock und Nationalismus hatte eine verheerende Wirkung.

1985 mußte Paunescu seine Konzerte einstellen. Er war in den Augen des Diktators zu populär geworden. Der Diktator vertrug keine Popularität außer der eigenen. Dieses Verbot gab Paunescu die Möglichkeit, sich in der Post-Ceausescu-Zeit als Verfolgter der Diktatur darzustellen. Er gibt mittlerweile wieder eine Zeitung heraus und versucht auch seinen Kreis wiederzubeleben. Daß der Nationalismus so stark ist im heutigen Rumänien, ist auch auf Paunescu und die Aktivitäten seines Kreises in den frühen achtziger Jahren zurückzuführen.

Nach den ersten Augenblicken der Euphorie im Dezember kam die Zeit der Verlorenheit und der Enttäuschungen. Die protestierende Jugend fand sich in kleinen Gruppen, meist Kulturgesellschaften zusammen, die sich auch in ihren Namen auf die Ereignisse im Dezember beriefen: »Vereinigung 16.–21. Dezember«, »Volksallianz«. Die mit Abstand bekanntesten Organisationen dieser Art sind die Bukarester »Studenten-Liga« und die Temeswarer Gesellschaft »Timisoara«. Diese Organisationen stellen sich selbst meist als »apolitisch« dar. Sie wollen sich damit von den traditionellen politischen Parteien unterscheiden. Das Ziel der außerparlamentarischen Opposition ist die Forcierung des Demokratisierungsprozesses. Bei allen sonstigen Differenzen kennzeichnen sich all diese Gruppen durch einen prinzipiellen und lautstarken Antikommunismus.

Eine besondere Bedeutung hat die »Gruppe für den sozialen Dialog« in Bukarest, die von namhaften Intellektuellen, darunter viele Schriftsteller, gegründet wurde. Sie versteht sich als Ideenzentrum und geistiger Vermittler in einer Öffentlichkeit, die von Unwissenheit und niedrigem Niveau der Auseinandersetzung geprägt ist. Die von ihr herausgegebene Wochenzeitung »22«, sie führt das Datum der Revolution im Titel, ist eine der wichtigsten kritischen Publikationen des Landes.

Proklamation gegen die Nomenklatura

Die ideelle Führung der außerparlamentarischen Opposition übernahm die Gesellschaft »Timisoara« durch einen programmatischen Text zur Demokratisierung der Gesellschaft und Liberalisierung der Wirtschaft. Der Text wurde als Proklamation von Temeswar bekannt. Angelpunkt der öffentlichen Diskussion wurde in der Zeit vor den Wahlen der Punkt 8 der Proklamation. Darin heißt es:

Wir schlagen vor, daß das Wahlgesetz für die ersten drei aufeinanderfolgenden Legislaturperioden den ehemaligen Funktionären der RKP und Securitate-Offizieren jedwede Kandidatur versagt. Ihre Anwesenheit im politischen Leben des Landes ist die Hauptquelle der Spannungen und des Mißtrauens, die heute die rumänische Gesellschaft bewegen. Bis zur Stabilisierung der Lage und bis zur nationalen Versöhnung ist es unbedingt notwendig, sie aus dem öffentlichen Leben auszuschließen. Wir fordern außerdem einen Sonderparagraphen im Wahlgesetz, der den ehemaligen kommunistischen Funktionären die Kandidatur für das Amt des Landespräsidenten verbietet. Der Präsident Rumäniens muß eines der Symbole unseres Lossagens vom Kommunismus sein. Parteimitglied gewesen zu sein, ist keine Schuld. Wir alle wissen, wie sehr das Leben jedes einzelnen vom roten Büchlein bedingt war, beginnend mit dem beruflichen Werdegang bis zur Erlangung einer Wohnung. Wir wissen auch, welche schweren Folgen die Rückgabe des roten Büchleins hatte. Die Funktionäre waren jedoch jene Menschen, die ihren Beruf aufgaben, um der kommunistischen Partei zu dienen und sich der besonderen materiellen Privilegien zu erfreuen, welche diese bot. Jemand, der eine solche Wahl getroffen hat, weist nicht die moralischen Qualitäten auf, die ein Landespräsident haben muß.

Der letzte Teil der Forderung war ein direkter Angriff auf Iliescu. Die Front versuchte die Proklamation von Temeswar zu diskreditieren, indem sie ihren politischen Teil als Angriff auf alle ehemaligen Parteimitglieder darstellte und den ökonomischen Vorstellungen der Temeswarer Separatismus unterstellte. Dies sogar durch einen Sprecher des Bukarester Fernsehens. In einem unfertigen Nationalstaat wie Rumänien ist Separatismus einer der schlimmsten Vorwürfe. Separatismus erscheint als ein Angriff auf den nationalistischen Konsens. Durch diesen Vorwurf läßt sich jeder Versuch der Dezentralisierung blockieren. Solange das Land aber zentralistisch organisiert bleibt, ist eine wirkliche Demokratisierung unmöglich. Zentralismus und Nationalismus sind in Rumänien wie Zentralismus und autoritäre Herrschaft miteinander verbunden. Von dieser Verbindung lebt auch die Bürokratie.

Der Punkt 8 der Temeswarer Proklamation wurde zur Hauptforderung der *Universitätsplatz-Bewegung* in Bukarest. Der Universitätsplatz wurde am 22. April 1990 von jungen Leuten besetzt. Sie sprachen von der Notwendigkeit einer zweiten Revolution. Die Wahl des Ortes hatte Symbolkraft. Am 21. Dezember hatten hier die ersten Straßenkämpfe in Bukarest stattgefunden. Die Platzbesetzer bezeichneten Iliescu als einen zweiten Ceausescu, sie forderten die Durchführung des Punktes 8 der Temeswarer Proklamation und die Annullierung des Dekrets 473, durch das das Fernsehen dem Übergangspräsidenten Iliescu unterstellt worden war. Auf Plakaten wurde die Front mit der Kommunistischen Partei und dem KGB gleichgesetzt. Nach einer ersten, gescheiterten Räumung am 24. April gestaltete sich die Besetzung zu einer Dauerkundgebung. Ein harter Kern hielt rund um die Uhr in Zelten Wache, eine kleine Gruppe trat in den Hungerstreik. Abends wurden große Kundgebungen mit tausenden Teilnehmern und Schaulustigen abgehalten, auf denen vom Balkon der Universität aus Reden gehalten wurden. Er sprachen dort zahlreiche Dissidenten und kritische Intellektuelle, Liedermacher traten auf, auch solche, die früher zum Kreis des Hofpoeten Paunescu gehört hatten. Es entstand eine »Hymne der Golani«. Als »Golani« waren sie von Iliescu bezeichnet worden. Golan bedeutet: Nichtsnutz, Tagedieb, Herumtreiber. Sie übernahmen das Wort, und in dem Lied heißt es: »Lieber Golan als Aktivist! / Lieber tot als Kommunist!« Der besetzte Platz wurde zur »Kommunismusfreien Zone« erklärt.

Es entstand innerhalb mehrerer Wochen eine widersprüchliche politische Subkultur, getragen von der Begeisterung und dem Dilettantismus der Teilnehmer. Unter den herausragenden Figuren der Universitätsplatzbewegung waren *Dumitru Dinca* und *Nica Leon,* beide aus dem Arbeiter-Milieu und Spontan-Revolutionäre im Dezember – Dinca gehörte zu den Erstürmern des ZK-Gebäudes – und der Studentenführer *Marian Munteanu.*

Die Bergarbeiterklasse als Hilfstruppe der Front

Die Vorgänge auf dem Universitätsplatz wurden von den regierungsnahen Medien mit haßerfüllten Kommentaren begleitet, den Demonstranten wurde Drogenabhängigkeit, Kriminalität und Annahme ausländischer Gelder unterstellt. Diese Verleumdungen wurden von großen Teilen der Bevölkerung geglaubt. Nachdem die Front als überlegener Sieger aus den Wahlen hervorgegangen war, beschlossen die Machthaber, den Platz am 13. Juni 1990 zu räumen. Mit dieser Räumung kam es zu einer Gewalteskalation, die den ganzen Tag über die Bukarester Innenstadt beherrschte. Die Vorgänge sind undurchsichtig, Provokation und Revolte schwer auseinanderzuhalten. Jedenfalls kam es zu Angriffen auf Polizeizentrale und Innenministerium und das Fernsehen. Zerstörungen und Brände beherrschten das Straßenbild. Es gab gewalttätige Demonstranten, aber auch Provokationen. Die Taktik der verschiedenen Polizei-Einheiten blieb widersprüchlich. In der darauffolgenden Nacht trafen die Bergarbeiter in Bukarest ein und entfesselten zwei Tage lang einen beispiellosen Terror. Sie gebärdeten sich nicht zum erstenmal als Verteidiger der Regierung, sie waren bereits Ende Januar als Gegendemonstranten für die Front in Bukarest erschienen, in derselben Rolle dann nochmals im Februar. In beiden Fällen sollten sie offenbar, nach regierungsfeindlichen Demonstrationen, die Straße für die Front zurückerobern. Über die Beweggründe und die Rolle der Bergarbeiter in den innenpolitischen Auseinandersetzungen und Machtkämpfen seit der Dezember-Revolution gibt es zahlreiche Spekulationen.

Das gewalttätige Auftreten der Bergleute, das von ihnen in Bukarest veranstaltete Pogrom, zeigt den Bruch in der rumänischen Gesellschaft, erklärt ihn aber nicht. Die Bergarbeiter hatten ursprünglich einen guten Ruf. Dieser basierte auf den großen Streiks, die sie 1977 im Schiltal veranstaltet hatten. Auf diese Streiks war eine gewaltige Repressionswelle gefolgt. Die Streikführer verschwanden, tausende Bergleute wurden mit ihren Familien in andere Regionen umgesiedelt. Securitate-Mitglieder kamen als »Ingenieure« in den Bergbau, sie sollten die Bergleute kontrollieren. Nach der Revolution scheinen zumindest einige dieser »Ingenieure« Gewerkschaftsführer der Bergleute geworden zu sein. Festzuhalten ist, daß es bei den Streiks der Bergleute 1977 nicht um einen Systemwechsel ging, sondern Tarifforderungen gestellt worden waren, und daß seit diesen Streiks dreizehn Jahre vergangen sind. Die Bergleute hatten im Januar als erste Interessengruppe ihre Forderungen der neuen Regierung vorgetragen. Diese erfüllte fast den gesamten Uralt-Forderungskatalog der Bergleute. So wurde die Front zu deren Partei. Agitatorische Manipulationen der »Ingenieure« besorgten den Rest.

Die Bergleute verwandelten Bukarest im Juni in eine Stadt des Terrors und der Angst. Von Leuten der Securitate dirigiert, zerstörten sie die Büros von Oppositions-Parteien und gesellschaftskritischen Gruppierungen, verprügelten und verhafteten Menschen auf offener Straße, oft bloß aufgrund ihres Aussehens. Das Pogrom richtete sich vor allem gegen Intellektuelle und Zigeuner. Die einen wurden für die politische Unruhe verantwortlich gemacht, die anderen für die steigende Kriminalität. So wurde der Universitätsplatz-Bewegung ein gewaltsames Ende bereitet, ein Teil ihrer Organisatoren wurde verhaftet. Iliescu bedankte sich bei den Bergleuten, er hatte zur Rechtfertigung ihrer Aktionen die Gewalttätigkeiten vom 13. Juni zum legionär-faschistischen Putschversuch umgedichtet. Es ist wohl einzigartig in der neueren Geschichte, daß ein gewählter Staatspräsident zum Veranstalter und Rechtfertiger eines Pogroms wird.

Hier ein Leserbrief aus der Bukarester deutschsprachigen Tageszeitung *Neuer Weg* vom 23.6.1990, der die Ereignisse aus der Sicht einer Betroffenen schildert:

Der »Rechtsstaat der Bergleute«
Das Folgende ist nicht in einem südamerikanischen Juntastaat geschehen, sondern in einer europäischen Hauptstadt: in Bukarest auf dem Boulevard N. Balcescu am 15. Juni, ungefähr um 11 Uhr.

Mein Mann kam vom Krankenhaus »Davilla« (wohin er einen Krankentest seiner gelähmten Mutter getragen hatte) und ging zur U-Bahn-Station »Piata Romana«, als er von einer Gruppe von Bergleuten aufgehalten wurde, die von ihm die Ausweispapiere verlangten. Da mein Mann diese in der Eile an seiner Arbeitsstelle (dem Forschungsinstitut für Elektronik – ICE) vergessen hatte, schien er diesen »Rittern ohne Furcht und Tadel der Gerechtigkeit« verdächtig und sie fragten ihn nach seinem Beruf. Die Antwort, er sei Ingenieur, rief eine Flut von Schimpfwörtern und Drohungen hervor (»verdammte Intellektuelle«), gefolgt von Schlägen auf Rücken und Kopf.

Geistesgegenwärtig bat mein Mann die Bergleute, ihn zum ersten Polizeiposten zu begleiten. Die Kumpel hielten ihn bis zur Architekturhochschule eisern im Griff. Ein Mann, der fragte, was sie mit ihm denn vorhätten, wurde auch »verhaftet«. Als das Polizeiauto neben der Universität voll war, fuhr es ab – mein Mann war auch unter den Verhafteten. Beim Hauptsitz der Polizei in Bukarest erfolgte die Umladung auf einen größeren fensterlosen Bus, nicht ohne von zwei Bergleuten, die neben der Autotür standen, Schläge auf den Kopf zu kriegen, vor den Augen der Ordnungshüter und unter den Zurufen der »mutigen« Menge, die am Zaun stand: »Gebt es ihnen tüchtig! Schlagt sie nieder!«

Es folgte die Fahrt nach – niemand wußte wohin! Erst diejenigen, die schon öfter in einer ähnlichen Lage waren – darunter viele Spekulanten und Zigeuner –, errieten den Ort: die Offiziersschule neben dem Baneasa-Wald (...)

Nach 30 Stunden Haft wurde mein Mann mit den Worten freigelassen: »Seien Sie uns nicht böse«, worauf er antwortete, daß er nicht denjenigen böse ist, die dafür zuständig sind, Gesetz und Ordnung zu wahren, aber er hätte jedes Vertrauen in einen solchen »demokratischen Rechtsstaat« verloren, wie er zwei Tage bestand. (...)

Ich ahnte, daß mein Mann einer »Bergleute-Razzia« in die Hände gefallen sein mußte, weil ich selbst Zeugin gewesen war, wie einfach Bürger auf der Straße von ihnen aufgehalten und einige sogar brutal niedergeknüppelt wurden. Allen Respekt vor der schweren Arbeit der Bergleute, ich kenne aus meiner Familie die Bedingungen in einem Bergwerk: Meine Eltern waren fünf Jahre lang in der Sowjetunion in den Bergwerken des Donezbeckens. Damals arbeiteten sie nicht nur 6 Stunden täglich in den Schächten, wo das Wasser bis zu den Hüften reichte und erhielten auch keinen Lohn (einige Tausender) sondern ein Stück Brot und eine »Suppe« aus undefinierbaren Zutaten. Doch nie in ihren Erzählungen erfuhr ich etwas über die *Unmenschlichkeit* dieser Berufskategorie, zu der sie nicht freiwillig gestoßen waren (es war im Jahre 1945!).

Neue Revolten und alte Kommunisten

Nach diesem Pogrom war die außerparlamentarische Opposition weitgehend zerschlagen. Es war ihr nun bewußt, daß sie bloß eine kleine Minderheit in der rumänischen Öffentlichkeit darstellt, die weder die Kraft noch das Format hat, die Massen zu organisieren. Als die Front im Juli ihre kommunale Macht durch die Ernennung von Präfekten in den Kreisen festigte und in Temeswar die Revolution entmachtete, indem sie *Florentin Carpanu,* den Direktor des Fleischkombinats COMTIM einsetzte, begrüßte die Gesellschaft »Timisoara« diese Ernennung. Die Zeitung *Timisoara* beschrieb Carpanu als einen Mann von hoher Moral und als guten Manager, Beweis dafür sei das Prestige des Agroindustriellen Kombinats Temesch (COMTIM), das er leitet. Nur: Dieses Kombinat hat eine Monokultur im nördlichen Banat durchgesetzt, es ist der größte Umweltzerstörer der Region und als größter Fleisch-Exporteur des Landes, unter Ceausescu direkt verantwortlich für den Hunger der Bevölkerung. Sein Direktor Carpanu war somit einer der wichtigsten Mitarbeiter Ceausescus bei der erbarmungslosen Ausbeutung des Landes und der Bevölkerung. Durch das Akzeptieren von Carpanu hat die Gesellschaft »Timisoara« ihre eigene Proklamation disqualifiziert.

Im Herbst 1990 waren nur noch unsystematische Spuren der außerparlamentarischen Opposition auszumachen, einzelne Zeichen des zivilen Widerstands, Demonstrationen und Streiks, die auch politische Forderungen vorbrachten. Dies vor allem in den Städten mit einem stärkeren politischen Bewußtsein: Temeswar, Kronstadt, Bukarest, der Hafen Konstantza, und schließlich das Dorf Sapinta im Norden des Landes, in der Maramuresch. Hier hatten die Bauern die Ortsfunktionäre vertrieben, einen Bürgermeister aus ihrer Mitte gewählt und Land und Vieh ausgeteilt. Alle Versuche, sie gewaltsam zu disziplinieren, sind gescheitert. Sapinta ist in Rumänien ein touristisch bekanntes Dorf durch seinen sogenannten »Heiteren Friedhof«; der Friedhof wurde wegen der holzgeschnitzten Grabkreuze mit ihren durchwegs lustigen Sprüchen und Reimen zur Touristenattraktion. Allerdings gibt es in Sapinta auch einen verfallenden jiddischen Friedhof, um den sich niemand kümmerte. Die Juden des Dorfes sind 1944, in der Zeit der ungarischen Verwaltung, nach Auschwitz deportiert worden. Außer den umgestürzten Grabsteinen erinnert nichts an sie. Bleibt die Frage, welches Schicksal das politische Experiment von Sapinta haben wird.

Im Spätherbst setzten Umgruppierungsversuche der Opposition ein. Die bürgerlichen Altparteien favorisierten die Bildung von »Antitotalitären demokratischen Foren«, die außerparlamentarische Opposition gründete die »Bürger-Allianz«. Beide Gruppen stützen sich auf das bisherige oppositionelle Potential. Beflügelt durch Krise und Preiserhöhungen gelang es ihnen im Umfeld des Jahrestags der Revolte von Kronstadt/Brasov, größere regierungsfeindliche Demonstrationen zu veranstalten.

Auch die *Kommunistische Partei* tauchte jetzt plötzlich wieder auf. Sie fusionierte mit einer Splitterpartei aus der Front-Umgebung, der »Demokratischen Partei der Arbeit« und nennt sich nun »Sozialistische Partei der Arbeit«. Vorsitzender wurde Ilie Verdet, ein Politiker mit vielen Ämtern in der Ceausescu-Zeit, der zuletzt beim Diktatorenpaar anscheinend in Ungnade gefallen war. Verdet hatte am 22. Dezember 89, während der Revolution eine Regierung zu bilden versucht, war aber von den Ereignissen rasch überholt worden: Er redete damals die

Spontanrevolutionäre mit Genosse an. Oppositionelle werten das späte Auftauchen dieser KP als einen Trick der Front, die sich dadurch vom Vorwurf des Kommunismus und Neo-Kommunismus definitiv befreien will.

6
Die merkwürdige
Verfassung der Institutionen

Die Willkürherrschaft des Ceausescu-Clans erlaubt es fast jedem, sich nachträglich als Opfer darzustellen und sich als solches auch zu begreifen. Das arrogante und mißtrauische Ehepaar beförderte und entließ seine Vasallen nach Lust und Laune. Selbst die stalinistischen Grundregeln des Aufstiegs im Apparat waren keine Garantie mehr. Das Gesetz wurde angewandt, wenn der Clan es brauchte.

Auch die Untergebenen Ceausescus hatten sich diesen Herrschaftsstil angeeignet, Minister wie Potentaten der Provinz kopierten ihren Chef, wo sie nur konnten. So traf der Terror nicht nur die Bevölkerung, sondern auch die Herrschaftsschicht selbst. Fast jeder Täter war gleichzeitig Opfer, fast jedes Opfer war irgendwann Täter. Niemand fühlte sich in der Ceausescu-Diktatur wohl. Die meisten hatten sich aufs Überleben eingerichtet.

Der Grundzug der Ceausescu-Gesellschaft war seit den späten siebziger Jahren die Lethargie. Das gesamte System verharrte in der Trägheit, die nur durch die immer absurder werdenden Verfügungen und Anweisungen des Herrscherpaars unterbrochen wurde. Diese wurden halbherzig und achselzuckend ausgeführt. So kann heute fast jeder sagen, er habe das Schlimmste abgewendet, verhindert.

Formen ohne Inhalt

Das Ceausescu-Regime hinterließ die staatlichen und gesellschaftlichen Institutionen in einer tiefen Identitätskrise. Ceausescu hatte alle auf sich selbst eingeschworen und an seinen Clan gebunden. Schon 1974 mußten alle Parteimitglieder eine feierliche Erklärung auf öffentlichen Versammlungen unterzeichnen, mit der sie sich dem Diktator persönlich verpflichteten. Ceausescu verstand es, alle und alles an seine Person zu binden. Erfolgsmeldungen aus Wirtschaft und Gesellschaft an das Zentralkomitee der Partei trugen die Überschrift: An das Zentralkomitee, an Genossen Nicolae Ceausescu persönlich.

Keine einzige Institution war unabhängig. Nicht einmal der Fußballverband blieb frei vom Einfluß des Clans. So hatte man in Scornicesti, im Geburtsort des Diktators, eine Mannschaft gegründet, die den Namen FC Olt trug und innerhalb eines Jahres den Aufstieg in die erste Liga schaffte. Nach der Revolution wurde diese Mannschaft aufgelöst. Im Endspiel von 1989 für den Rumänien-Pokal wurde das Ergebnis korrigiert und der Pokal auf Betreiben von Bruder Ilie, Generalstabchef der Armee, und Sohn Valentin der Armeemannschaft zugeschanzt. Dies nicht ohne Beifall aus der Bevölkerung. Die gegnerische Mannschaft war Dinamo Bukarest, die zum Innenministerium gehörte.

Viele gaben dem Druck des Personenkults relativ rasch nach, andere, wie der Schriftstellerverband, ließen sich nur schrittweise zersetzen. Zuletzt waren alle Institutionen, außer Miliz und Securitate, nur noch Akklamationsapparate der Diktatur gewesen. Sie hatten den Personenkult zu betreiben und die Losungen des Regimes zu verbreiten. In den führenden Positionen saßen überall die Lakaien des Clans. Sie sorgten für Glückwunschtelegramme an den Geburtstagen des herrschenden Paars, für Lobdichtung und Beifall. Die wichtigsten strategischen und Prestigepositionen wurden von den Mitgliedern des Clans selbst eingenommen. Ceausescu war auch Oberkommandierender der Armee, Elena hatte den Vorsitz der Akademie. Als Ceausescu selbst ebenfalls in die Akademie aufgenommen wurde, überbrachte ihm die frohe Botschaft seine Frau Elena in ihrer Eigenschaft als Präsidentin der Institution. Viele der Institutionen arbeiteten überhaupt nicht mehr, sie beschränkten sich auf Ergebenheitsadressen an den offiziellen Feiertagen. So auch die Räte der Minderheiten. Das öffentliche Leben im letzten Jahrzehnt der Ceausescu-Herrschaft beschränkte sich auf Repräsentation, mit den immer gleichen Ritualen des Personenkults. Am Ende der Ceausescu-Ära befanden sich die Institutionen in der Agonie. An der Oberfläche war der sichtbare absurde Personenkult, an der Basis überall die unausgesprochene Unzufriedenheit. Alles wartete auf den Augenblick, der im Dezember eintrat.

Ceausescu hatte ein ziemlich leichtes Spiel mit den Institutionen. Das ist zum Teil auf die Vorarbeit des Stalinismus der fünfziger Jahre zurückzuführen. Dieser hatte die Institutionen durch eine brutale Repression nachhaltig geschwächt. Die pragmatische Periode von 1964 bis 1970 war zu kurz und zu wenig konsequent, um eine Regeneration der Institutionen zu ermöglichen. Ceausescus unerwartete Re-Stalinisierung hat vielen den Todesstoß versetzt. Dieser zweite Stalinismus unterscheidet Rumänien von den meisten osteuropäischen Ländern, die den Breschnewschen Trott gingen.

Schon die Institutionen der bürgerlichen Zeit waren ungefestigt gewesen. Rumänien ist nicht nur ein junger Staat, sondern auch eine unter den Bedingungen der Unterentwicklung gewachsene Gesellschaft, mit allen Nachteilen für deren zivile Dimension. Die Institutionen waren nie ein Ergebnis einheimischer Prozesse, es waren, am Ende des 19. Jahrhunderts, meist Übernahmen aus Westeuropa, Kopien, denen man schlecht und recht einen Inhalt verpaßte und eine Funktion zusprach. Im rumänischen Altreich wurden diese als »forme fara fond«, Formen ohne Inhalt, bezeichnet. Die rumänische Gesellschaft jener Zeit hatte einen starken Zug zur Imitation. Die Modernisierer aus der Liberalen Partei, allen voran Brateanu, waren Anhänger der Ideen von 1848. Zum Teil hatten sie sich diese bei ihren Studienaufenthalten in Paris angeeignet. Unter ihnen befanden sich auch Teilnehmer an den westlichen Revolutionen. Sie stülpten die nationale Phrase aus dem Westen über die eigene dahindämmernde Nation. »Wach auf, Rumäne!«, hieß eines der Revolutionslieder dieser Zeit. Es wurde von der Dezember-Revolution wieder aufgenommen und ist mittlerweile die neue Staatshymne des Landes.

So konstruierte man einen eher modern aussehenden als einen wirklich modernen Staat. Die Widersprüche zwischen den modernen Institutionen und den Realitäten eines Entwicklungslandes sollten den Stalinisten bei der Zerstörung der bürgerlichen Schichten in der Nachkriegszeit zugute kommen.

Die Armee – Elite der Nation und Stiefkind des Führers

Am 22. Dezember zeigte sich eine einzige Institution handlungsfähig: die Armee. Sie spielte die entscheidende Rolle für den Ausgang der Revolution, sie hat die Revolution gerettet. Bisher hatte die Armee in der rumänischen Innenpolitik nur während des Zweiten Weltkriegs eine ähnliche wichtige Rolle gespielt. Mit Hilfe der Armee schlug Marschall Antonescu im Januar 1941 die Rebellion der Eisernen Garde nieder. 1944 im August sicherte die Armee die Palastrevolte gegen Antonescu. Die beiden ersten Regierungen nach der Revolte wurden von Generälen geführt. Diese Regierungen waren die beiden letzten nichtkommunistischen in Rumänien. Das Ende der letzten nichtkommunistischen Regierung wurde durch gewalttätige Demonstrationen im Februar 1945 herbeigeführt. Der Regierungschef, General Radescu, ging später ins westliche Exil.

Die rumänischen Stalinisten versuchten in den folgenden Jahren, die Armee zu einer »Volksarmee« umzubauen. Offiziere wurden reihenweise entlassen, viele kamen ins Gefängnis. Die Basis der neuen Armee sollten zwei Divisionen bilden, die man während des Kriegs in der Sowjetunion mit Kriegsgefangenen aufgestellt hatte und die mit der Roten Armee im September 1944 ins Land gekommen waren. Das Prinzip war die Ideologisierung der Verbände durch Politkommissare, die von den Stalinisten eingesetzt wurden. An wichtiger Stelle war an der Reorganisation der Armee auch der spätere Diktator Ceausescu beteiligt.

An der Basis, unter den Rekruten, hatten es die Stalinisten gar nicht so schwer. Die bürgerliche rumänische Armee war nicht nur schlecht ausgerüstet und verpflegt, in ihr galt sogar noch die Prügelstrafe, die Unteroffiziere waren korrupt, das Offizierkorps verstand sich als Elite, es führte das Leben einer Kaste. Der Rekrut war der Korruption der niederen Ränge und der Arroganz und den Launen der Offiziere ausgeliefert. Die scheinheilige soziale Propaganda der Stalinisten blieb unter den Rekruten, die ein geringes Wissen hatten und nicht selten Analphabeten waren, nicht ohne Wirkung.

Zu einer gewissen Regeneration der Armee als nationalem Faktor kam es durch den eigenständigen nationalen Kurs der rumänischen Kommunisten nach 1958. In jenem Jahr haben die sowjetischen Besatzungstruppen im Rahmen einer Friedensinitiative, als Zeichen des guten Willens, Rumänien verlassen. Rumänien war das einzige Ostblockland, das keine Grenze zum Westen hatte. Es grenzte an Jugoslawien, und der sowjetisch-jugoslawische Konflikt war 1956 entschärft worden.

Der Nationalismus, der von der KP als Teil der ideologischen Propaganda zugelassen und gefördert wurde, fand in den sechziger Jahren einen großen Zuspruch auch bei einer neuen Generation von Offizieren. Die nationalistische Motivation in der Armee wuchs sehr rasch und erreichte ihren Höhepunkt im August 1968, mit dem Einmarsch der Warschauer-Pakt-Staaten in der Tschechoslowakei. Rumänien hatte sich an dieser sozialistischen Bruderaktion nicht beteiligt. Seither hat sich das nationalistische Prinzip, das schon die bürgerliche rumänische Armee kennzeichnete, wieder voll durchgesetzt. Die Idee von der Elite, die die Werte der Nation schützt, war wieder präsent. Der Nationalismus in der Armee war unter Ceausescu ein unverhohlen antisowjetischer. Der zentrale Mythos war der der Unabhängigkeit. Die rumänische Armee nahm nur noch an Generalstabsübungen des Warschauer Paktes teil. Gemeinsame Manöver auf rumänischem Territorium wurden nicht mehr zugelassen. Auch scheint eine gewisse Kontinuität im Offizierskorps trotz des stalinistischen Einbruchs nicht aufgehört zu haben. So ist der jetzige Verteidigungsminister Stanculescu, der unter Ceausescu einer der Stellvertreter des Verteidigungsministers und für die Materialbeschaffung der Armee, einschließlich Waffenhandel, zuständig war, noch in der Antonescu-Zeit Offiziersschüler gewesen.

Diktator Ceausescu hatte kein Vertrauen in die Armee. In ihr regte sich früh Widerstand gegen ihn und seinen Clan. Ceausescu verdächtigte viele Offiziere, daß sie gegen ihn komplottierten. Ein Grundsatz des Führers war, daß alle Gefahren von außen kommen. Er fürchtete eine sowjetische Intervention in Rumänien. Noch in den Dezembertagen sprach er von ausländischen Agenten, die die Unruhen in Temeswar organisiert hätten; während seines Prozesses warf er seinen Richtern die Organisierung eines Komplotts mit ausländischer Hilfe vor. Ceausescu verdächtigte die Offiziere lange Zeit, Kontakte nach Moskau zu unterhalten. In seinen letzten Auftritten im Politischen Exekutivkomitee sagte er mehrfach, ein Verräter sitze dabei. Das letzte Kommuniqué des Diktators, am Morgen des 22. Dezember, vor seiner Flucht, teilte den Tod des Verteidigungsministers Milea mit, der als Verräter bezeichnet wurde.

Ceausescu schwächte die Armee, wo er konnte. Er baute sich eine eigene Sicherheitstruppe innerhalb der Securitate auf. Teil des Personenkults waren seit den späten siebziger Jahren auch die diversen Friedenskampagnen. Sie sollten das Image des Diktators im Westen verbessern. Heimliches Wunschziel war der Friedensnobelpreis für Ceausescu. Der Diktator hatte auch die Außenpolitik seinem Personenkult untergeordnet. Im Rahmen dieser Friedensinitiativen machte Ceausescu unentwegt Abrüstungsvorschläge. Er rüstete seine Armee ab und die Securitate heimlich auf. Ceausescu setzte die Armee nun vor allem als billige Arbeitskraft auf den Großbaustellen des Landes und als Erntehelfer ein. Die Rekruten wurden kurz und oberflächlich ausgebildet und, so rasch es nur ging, auf den Bau gejagt. Das Offizierskorps war darüber sehr unzufrieden. So hat sich der Diktator die Armee selbst zum Feind gemacht.

Die Konvulsionen unmittelbar nach der Revolution haben auch die Armee nicht verschont. Diese suchte sich von ihren Politoffizieren zu befreien. Bald schon zeichnete sich ein Generationskonflikt innerhalb der Armee ab. Die jungen Offiziere wollten die Rückkehr der alten, von Ceausescu zwangspensionierten, deren führender Kopf der General *Militaru* ist, nicht hinnehmen. Die jungen Offiziere sahen ihre Karrieren durch die Rückkehr der alten versperrt. Militaru, der an der Konspiration beteiligt war, wurde als Verteidigungsminister der provisorischen Regierung abgelöst. Soldaten demonstrierten in Bukarest für bessere Verpflegung und gegen eine überzogene Wehrdienstzeit.

Die Auseinandersetzung um die Verantwortung der Armee für die Repression in den ersten Tagen des Aufstands führte zur Gründung eines Offizierskomitees zur Demokratisierung der Armee (CADA). Der inzwischen abgesetzte Innenminister, General *Chitac* und der Nachfolger von Militaru im Amt des Verteidigungsministers, General *Stanculescu* wurden und werden der Beteiligung an dem Blutbad von Temeswar beschuldigt.

Das Komitee für die Demokratisierung der Armee wurde im Juni während des Bergarbeiter-Pogroms in Bukarest offiziell aufgelöst, blieb aber weiter aktiv. Die Mitglieder des Komitees forderten u. a. die restlose Entmachtung der ehemaligen Polit-Offiziere. Im November beteiligten sich zwölf Offiziere des Komitees an einer Pressekonferenz der Bukarester Intellektuellengruppe für den sozialen Dialog. Obwohl sie dazu die Genehmigung des Verteidigungsministers Stanculescu eingeholt hatten, wurden sie von diesem zwei Wochen später, zusammen mit weiteren Mitgliedern des Komitees in den Ruhestand versetzt.

Stanculescu, der dem Establishment angehört und eine wichtige Rolle in der Palastrevolte spielte, hatte sich zu dem Komitee wohlwollend verhalten, solange dieses die Rückkehr der Konspirationsoffiziere um den General Militaru in die Armee-Führung bekämpfte.

Auch die Offiziere der Konspiration haben nicht aufgegeben. Sie bildeten im Herbst eine »Aktionsgruppe für die Modernisierung der Armee« (GAMA) und verlangten die Säuberung des Heeres von Offizieren, die an der Repression im Dezember teilgenommen und/oder mit Ceausescu eng zusammengearbeitet haben. Gemeint ist vor allem Verteidigungsminister Stanculescu. Als Sprecher der Gruppe trat Hauptmann *Nicolae Radu* auf, ein Teilnehmer an der Konspiration, der unter Ceausescu zuletzt im Gefängnis saß. Auch innerhalb der Armee ist der Machtkampf noch nicht beendet.

*Das Skelett der Gesellschaft –
die Securitate und ihre Nachfolger*

Ceausescus Stütze war die Securitate. Mit ihrer Hilfe kontrollierte er das Land, hielt die Bevölkerung in Schach. Die Securitate war territorial organisiert und in allen Institutionen des Landes präsent. Der Sitz der territorialen Securitate befand sich jeweils in den Verwaltungszentren der einzelnen Kreise. Jeder Betrieb, jedes Institut, jede Behörde wurde von einem Offizier der Securitate kontrolliert. In größeren Institutionen gab es auch hauptamtliche Mitarbeiter, die, als Fachleute getarnt, dort einem Beruf nachgingen. Viele der Securitate-Leute hatten einen Zweitberuf als Tarnung.

So war die Securitate überall. Sie wurde zum Skelett der rumänischen Gesellschaft. Jeder hauptamtliche Mitarbeiter unterhielt einen Kreis von Spitzeln und Zuträgern. Diese kamen aus allen Bevölkerungsschichten und wurden in der Regel durch Erpressungen gefügig gemacht. Die Securitate schnüffelte im Privatleben der Menschen so lange herum, bis sie eine Erpressungsmöglichkeit fand. Das Leben in einem Staat, in dem fast alles verboten war, konnte nur durch Gesetzesübertretungen gelebt werden. Die Leute versuchten eben sich zu arrangieren. Sie stahlen Mangelwaren aus den Betrieben, beteiligten sich am allgemeinen Tauschhandel, bestachen, wurden bestochen, machten sich pausenlos strafbar. Selbst Betriebsdirektoren agierten fast ununterbrochen am Rande der Legalität, damit der Betrieb weiter funktionieren konnte. Damit der Betriebshaushalt stimmte, wurden Investitionsgelder zweckentfremdet, Ersatzteile oder Rohstoffe mußten mit Gefälligkeiten an die jeweilige Bürokratie erkauft werden. Die Securitate war der stille teilnehmende Beobachter all dieser Vorgänge. Sie sammelte, dann schlug sie zu. Sie drohte mit dem Gesetz und am Ende hatte sie meist einen neuen Mitarbeiter. Viele der Spitzel wurden bereits mit 16 oder 17 Jahren in den Schulen zur Mitarbeit verpflichtet. Dies mit Hilfe von Lehrern, die der Securitate die entsprechenden Tips gaben, beziehungsweise die ihre Schüler zur Mitarbeit ermutigten. Haupterpressungsmittel war in den achtziger Jahren eine Zwischenprüfung nach der zehnten Klasse. Wer diese Prüfung nicht bestand, war vom höheren Bildungsweg ausgeschlossen. Die Securitate hat so zahllose Lebensläufe verbogen. Sie hat das ganze Land mit einem Spinnennetz der Denunziation überzogen. So hat sie wesentlich zur Vergiftung der gesellschaftlichen Beziehungen beigetragen. Angst und Mißtrauen beherrschten den Alltag der Ceausescu-Zeit. Überall wurde denunziert und abgehört, aber noch schlimmer war, daß die Menschen überall Denunziationen und Abhöranlagen vermuteten. Ihr Verhalten wurde neurotisch.

Im Ceausescu-Rumänien gab es offiziell natürlich keine politischen Häftlinge. Die als Feinde Eingestuften mußten kriminalisiert werden. Die Beweise für die Kriminalität hatte die

Securitate zu beschaffen. Regimegegner wurden so wegen illegalem Valutabesitz, wegen Unterschlagung, Rowdytum oder parasitärem Lebenswandel verurteilt und mit Kriminellen eingesperrt, unter denen sich oft Schläger befanden, die von der Securitate in der Zelle auf den Regimegegner losgelassen wurden. Bezeichnend ist, daß sich im Wahlkampf des vergangenen Frühjahrs politische Konkurrenten ihre Vorstrafen gegenseitig vorwarfen. Die Dossiers der Securitate scheinen dabei eine Rolle gespielt zu haben.

Wer nicht zu kriminalisieren war, der wurde auf andere Weise schikaniert. Ungeklärte nächtliche Prügeleien, Unfälle, rätselhafte Selbstmorde gehörten zum Repertoire der Securitate. Prominente wurden so lange schikaniert, bis sie einen Ausreiseantrag stellten. Sie wurden, wenn sie ihre Aktivitäten gegen Ceausescu fortsetzten, auch im Ausland weiter bespitzelt und bedroht. Die Emigration war von Agenten und Zuträgern durchsetzt. Leute, die Beziehungen nach Rumänien unterhielten, wurden erpreßt, andere hatten sich, um ausreisen zu können, schriftlich zur Mitarbeit verpflichtet. Unter diesen waren auch zahlreiche Aussiedler. In den rumänischen Botschaften und Konsulaten saßen Securitate-Agenten, die die Einschüchterungen organisierten. 1988 erhielt ich in Westberlin postalisch Todesdrohungen von einer fiktiven nationalistischen Organisation. Der Brief war in Baden bei Wien abgestempelt. In Wien befand sich eine als Handelsmission getarnte Securitate-Zentrale. Ihr Leiter war ein Bruder von Ceausescu, der sich nach dem Sturz des Diktators erhängte.

Die Securitate war keine Erfindung des Führers. Sie ist eine Institution des Stalinismus, die Ceausescu für seine persönlichen Interessen umfunktionierte. Gegründet wurde die Securitate 1949 als Nachfolgeorganisation der bürgerlichen *Siguranta*. Auch die Siguranta hatte einen üblen Ruf als Schläger- und Foltertruppe. Ein Teil ihrer Fachleute wurde von der Securitate übernommen. Sie sollten ihr Fachwissen an die jungen Genossen weitergeben. Gesteuert und beraten wurde die Securitate in den fünfziger Jahren vom NKWD. Russische Geheimdienstoffiziere waren in Rumänien stationiert. Diese direkte Verbindung wurde erst unter Ceausescu abgebrochen.

Die Securitate der fünfziger Jahre fiel vor allem durch ihre Brutalität auf. Sie hat zahllose Menschen ins Gefängnis gebracht und in den Tod getrieben. In Osteuropa einzigartige Vorgänge, wie das Gefängnisexperiment von Pitesti, bei dem sich die Häftlinge gegenseitig folterten, gehen auf das Konto der Securitate ebenso wie der Tod von prominenten Kommunisten wie Lucretiu Patrascanu.

Die Angst vor der Securitate geht auf ihren Ruf aus den fünfziger Jahren zurück. In den Sechzigern geriet die Securitate im Zusammenhang mit der Rehabilitierung von Opfern des Stalinismus zum erstenmal unter Beschuß. Ceausescu kritisierte den Repressionsapparat im Rahmen der Vergangenheitsbewältigung öffentlich und warf ihm vor, sich der Kontrolle der Partei entzogen zu haben. An der Spitze des Innenministeriums stand damals Alexandru Draghici, ein Konkurrent Ceausescus um die Macht. Ceausescu wollte ihn loswerden, gegen die Securitate selbst unternahm Ceausescu nichts. Er band sie vielmehr nach diesem Zwischenspiel an seine Person. Sie agierte eine Zeitlang vorsichtiger, um dann um so selbstbewußter aufzutreten. Das Ceausescu-Rumänien wurde seit Mitte der siebziger Jahre zum eindeutigen Polizeistaat.

Die Securitate war von Anfang an eine verbrecherische Organisation. Sie war von den Stalinisten zur Vernichtung der Andersdenkenden gegründet worden, ihre Hauptaufgabe war in den fünfziger Jahren die Auslöschung der bürgerlichen politischen Klasse. Unter Ceausescu war sie das entscheidende Instrument für die Machterhaltung des Clans. Die Securitate hätte man nach der Revolution restlos auflösen müssen. Der Umgang mit ihr ist eine der folgenreichsten Inkonsequenzen der Revolution.

In den Revolutionstagen haben Angehörige der Securitate auf die Bevölkerung geschossen. In einem Interview der Zeitung *Adevarul* vom 23. 8. 90 sagt Brucan, es seien vor allem Angehörige der Anti-Terroreinheiten (USLA) und der persönlichen Garden des Diktators gewesen, die am 22. Dezember und danach gegen die Revolution gekämpft hätten.

Andere Gruppen der Securitate waren offenbar an der Konspiration oder mindestens an der Palastrevolte beteiligt oder haben sich, wie das Gros der Securitate-Truppen, rechtzeitig auf die Seite der Revolution geschlagen. In den Tagen des Aufstands haben auch Armee und Miliz auf die Demonstranten geschossen.

Anzumerken ist, daß die Kämpfe und Schießereien ab dem 22. Dezember zur Einschüchterung der Bevölkerung geführt haben und so die Akzeptanz der Konspirateure und Putschisten vergrößerten.

In der Folge wurde die Securitate nicht ausdrücklich aufgelöst, sondern der Armee unterstellt. Die in den ersten Tagen als Terroristen Verhafteten kamen bald frei und verschwanden. Verhaftet wurde auch die oberste Führung der Securitate, die die Repression im Dezember geleitet hatte, verhaftet wurden ein paar Offiziere, die an der Repression an sichtbarer Stelle beteiligt waren. Ebenfalls verhaftet wurden die vier Securitate-Mitglieder, die dem Ceausescu-Paar bei der Flucht geholfen haben. Sie wurden bereits im Januar freigesprochen. Verurteilt wurde bisher nur der Innenminister Postelnicu. Er erhielt lebenslängliche Haft.

In den Prozessen, die bislang gegen Securitate-Mitglieder geführt werden, geht es *ausschließlich* um ihre Beteiligung an der Repression im Dezember.

Einige der Securitate-Offiziere wurden im Januar beurlaubt oder in Rente geschickt, andere wechselten zur Armee über. Bereits im März wurde ein neuer Sicherheitsdienst unter dem Namen »Serviciul roman de informatii« (Rumänischer Nachrichtendienst) gegründet. Er wird von dem ehemaligen Dozenten der Parteihochschule, Virgil Magureanu (geb. 1941) geleitet, der an der Konspiration teilgenommen hat.

Ein Großteil der Securitate-Offiziere, laut Magureanu ein Drittel, wurde in den neuen Sicherheitsdienst übernommen. Die Gründung des neuen Sicherheitsdienstes ließ sich auf dem Hintergrund der Ausschreitungen und gewalttätigen Demonstrationen im Februar in Bukarest und im März in Tirgu-Mures durchsetzen, aber auch, weil sich wenig Bürgerbewußtsein um das Problem des Geheimdienstes entwickelt hatte. Es gab so gut wie keine Komitees, die Akteneinsicht und Auflösung der Securitate gefordert und betrieben hätten. Zu viele Leute sind offensichtlich an einer Aktenöffnung nicht interessiert.

Die *Miliz* erscheint als kleinerer Bruder der Securitate. Sie war für die Drecksarbeit zuständig. An sie schob die Securitate die Fälle der kriminalisierten Unbotmäßigen ab. Die Miliz war bekannt für ihre Korruption und Verflechtung mit dem kriminellen Milieu, von dessen Duldung sie profitierte. Das meiste, von der Vertuschung von Verkehrsdelikten bis zu Paßangelegenheiten, ließ sich durch Bestechung der Miliz erledigen. In den Dörfern, wo die Miliz-Leute kleine Potentaten am Ort waren, meist für ihre Willkür und Brutalität bekannt, wurden nach der Dezember-Revolution viele von der Bevölkerung verprügelt und davongejagt. Die neuen Behörden beeilten sich, die Miliz in Polizei umzubenennen und einen Teil ihrer Angehörigen an Orte zu versetzen, wo sie keiner kannte. Das kriminelle Wirken der Miliz wurde nicht untersucht. Das brutale Vorgehen der Polizei gegen Demonstranten heute ist auch damit zu erklären, daß die Mitglieder dieser Polizei aus der alten Miliz kommen.

Die Medien und die neue Macht

Die Medien waren unter Ceausescu Propagandainstrumente. In den achtziger Jahren waren sie ganz auf den Personenkult und die Erfolgsmeldungen des Regimes ausgerichtet. Die Nischen im Programm wurden immer rarer. In einzelnen Zeitungen gab es noch Lücken für andere Themen. Ceausescu hatte allerdings die Seitenanzahl derart reduzieren lassen, daß der Spielraum minimal war.

Total gleichgeschaltet war das *Fernsehen*. Es sendete in den letzten Jahren im Schnitt nur noch zwei Stunden Programm am Tag. Die waren voll vom herrschenden Clan besetzt. In Gegenden, in denen man das Fernsehen der Nachbarländer empfangen konnte, sahen die Leute das Bukarester gar nicht mehr. Über das Fernsehen der Nachbarländer Ungarn, Jugoslawien und Bulgarien gelangten auch die Bilder von den Veränderungen in Osteuropa ins Land.

Im Dezember nun wurde das Fernsehen zur Schaltzentrale der Revolution. Es sendete rund um die Uhr die Revolution live.

Mit dem Fernsehen wurden die fehlenden organisatorischen Strukturen der Revolution erfolgreich substituiert. Das Fernsehen hatte von allen Medien die größte Verbreitung. Es erhielt über Nacht einen sehr guten Ruf in der Bevölkerung. Im Fernsehen erschien am 22. Dezember Iliescu als erster wichtiger Politiker und las das Programm der Front zur Nationalen Rettung vor. Seine Popularität hat ihre Wurzel in diesem Fernsehauftritt.

Rundfunk und Presse wendeten sich ebenfalls mit der Revolution. Einige Zeitungen änderten ihre Titel. So die Parteizeitung *Scinteia* (Funke), die seither *Adevarul* (Wahrheit) heißt. Sie nimmt bis heute eine frontnahe Position ein und ist regierungsfreundlich.

Andere Zeitungen schlugen einen Oppositionskurs zur Front ein. So die unter Ceausescu zweitgrößte Tageszeitung *Romania Libera* (Freies Rumänien), die auch unter der Diktatur nicht restlos gleichgeschaltet war und sich unter ihrem Chefredakteur Octavian Paler bis zu dessen Rausschmiß 1985 Extra-Touren leistete. Paler, Journalist und Schriftsteller, zeitweise mit politischen Ämtern, war von Ceausescu ins Abseits gedrängt worden. Im Januar 89 waren aus der Redaktion der *Romania Libera* zwei Journalisten Petre Mihai Bacanu und Anton Uncu verhaftet worden. Sie hatten ein regimekritisches Flugblatt vorbereitet. Bacanu übernahm nach der Revolution die Chefredaktion und privatisierte das Blatt. In der Folgezeit hat sich *Romania Libera* als regierungskritische Zeitung profiliert, sie hat sich im Januar 1990 allerdings für die Kampagne, die dann zum Rücktritt Dumitru Mazilus führte, mißbrauchen lassen.

Die Aufhebung der Zensur nach der Revolution hat einen Blätterwald entstehen lassen, der bald zum Dickicht wurde. Zahlreiche Tages-, Wochen- und Monatsblätter entstanden. Bald erschienen in einer 350 000-Einwohner-Stadt wie Temeswar dreißig Publikationen. Viele dieser Blätter betreiben eine Mischung aus Sensationsjournalismus – es werden beispielsweise Pikanterien aus dem Leben des Ceausescu-Clans ausgebreitet – und oppositioneller Politik.

Zu den seriöseren Publikationen gehören noch die Zeitung

Timisoara, die von der gleichnamigen Gesellschaft in Temeswar dreimal in der Woche herausgegeben wird und die Wochenschrift *22* der Bukarester Intellektuellengruppe für den sozialen Dialog.

Mit der Wiederkehr des Nationalismus kam auch die Zeit der Ceausescu-Apologeten, Hofdichter und Ideologen wieder. Chefideologe Eugen Florescu eignete sich gleich im Januar das Propagandablatt *Munca de partid* (Parteiarbeit) an und gab es fortan unter dem Titel *Democratia* (Demokratie) heraus. Die nationalistischen Hofschreiber Eugen Barbu und Corneliu Vadim Tudor gründeten die Wochenzeitung *Romania Mare* (Groß-Rumänien). Im Untertitel steht: absolut unabhängige Zeitung. Die meisten Zeitungen im heutigen Rumänien bezeichnen sich als unabhängig. Daneben gibt es auch Zeitungen der einzelnen Parteien. Barbu und Tudor sind bekannt für ihre engen Beziehungen zur Securitate. Sie arbeiten, wie der Hofdichter Adrian Paunescu, der die Wochenzeitung *Vremea* (Die Zeit) herausgibt, in der er die Rehabilitierung des Marschalls Antonescu betreibt, nach bewährtem populistischen Rezept. Ihre Produkte sind xenophobe Skandalblätter mit unüberbietbar rüdem Ton und abstrusen nationalistischen Themen. Nur die Huldigungen an Ceausescu sind spurlos verschwunden. Barbu hat sein Handwerk bei der Bukarester Boulevardpresse der vierziger Jahre gelernt. Er war in jungen Jahren Skandalreporter.

Wieder aufgetaucht als Geldgeber ist auch eine sonderbare Gestalt des Exils, Iosif Constantin Dragan. Der Unternehmer und nationalistische Amateurhistoriker, der seit Kriegsende in Italien lebt, in seiner Jugend der Legion (Eisernen Garde) angehörte, später als Antonescu-Apologet auftrat und beste Beziehungen zum Ceausescu-Clan unterhielt, versucht sich seit der Revolution in den Medien zu etablieren. Er gründete die rechtsextreme Zeitung *Natiunea* (Die Nation) und betreibt den Aufbau eines eigenen TV-Senders.

Die meisten Oppositionsblätter werden vom staatlichen Postvertrieb ignoriert oder auch boykottiert, sie beschränken sich auf den Straßenverkauf. So erreichen die meisten dieser Publikationen nur die Leser aus den großen Städten. Das Land gehört dem Fernsehen, und das Fernsehen nutzt weitgehend seine Popularität aus den Tagen der Revolution für die Front- und Regierungssicht auf die Vorgänge im Land. Opposition und außerparlamentarische Opposition werfen dem Fernsehen vor, extrem parteiisch zu sein. Im Fernsehen arbeiten immer noch die Mehrzahl der Leute, die auch schon unter Ceausescu da waren.

Vom Fehlen unabhängiger Institutionen

In einem undurchsichtigen Zustand befinden sich die *Gewerkschaften* des Landes. Die alten Gewerkschaften, deren Tätigkeit unter Ceausescu darin bestand, Mitgliedsbeiträge zu kassieren, die dann spurlos verschwanden, haben sich nach der Dezember-Revolution durch eine flotte Umbenennung in »Freie Gewerkschaften« zu retten versucht. Das ist an vielen Orten gelungen.

Die Bildung neuer, tatsächlich unabhängiger Gewerkschaftsorganisationen, die auch eigenständige politische Ziele verfolgten, ist eher eine Ausnahme geblieben. Bekannt wurden Organisationen wie »Fratia« und »15. November«. Die Gewerkschaft »15. November« aus Kronstadt schließt mit ihrem Namen an die Protestaktion der Kronstädter Arbeiter am 15. 11. 87 an.

Der alte *Staatsapparat* hat sich insgesamt der Front zur Verfügung gestellt. Kommunalwahlen haben bis heute nicht stattgefunden. An einigen Orten der Revolution, wie in Temeswar, Kronstadt und Klausenburg, hatte dieser Apparat seine Macht im Dezember 1989 verloren. Die protestierenden Menschen hatten neue Behörden eingesetzt. In Temeswar war die kommunale Behörde von Betriebs- und Institutionsvertretern gewählt worden.

Diese Folge der Revolution wurde von der Regierung im Juli durch einen Handstreich rückgängig gemacht. Sie verfügte per Dekret die Gründung von *Präfekturen,* nach dem Vorbild der Zwischenkriegsverwaltung, und setzte die Präfekten, ebenfalls nach dem Vorbild der Zwischenkriegspolitik, durch Regierungsbeschluß ein.

Im übrigen scheint die Opposition die Bedeutung der kommunalen Verwaltungsstrukturen für eine demokratische Gesellschaft kaum zu begreifen. Sie strebt vor allem nach der zentralen Bühne der Politik in Bukarest. So bleibt die Politik ein Machtkampf und ein Nationaltheater.

7
Die Kleriker als
Trittbrettfahrer der Revolution

Eine besondere Rolle kam im rumänischen Sonderweg des Kommunismus stets dem *Schriftstellerverband* zu. Er war mit der stalinistischen Machtübernahme als staatliches Kontrollinstrument des literarischen Lebens eingerichtet worden. Das Interesse der Stalinisten für die Schriftsteller hatte mit ihrer Überzeugung von der propagandistischen Rolle der Literatur zu tun. Die Stalinisten überschätzten die Literatur, sie hatten Angst vor den Schriftstellern. Über den Verband suchten sie diese zu kontrollieren und bedeutende Autoren durch Druck, aber auch durch Korrumpierung an das System zu binden.

Die Autoren jener Jahre standen an einer Weggabelung. Die eine Richtung führte ins Gefängnis, die andere zur Staatsvilla. Viele der Autoren wurden mit ihrer politischen Vergangenheit, sie hatten meist den Rechtsradikalismus befördert, erpreßt. Wer seinen Namen der stalinistischen Propagandaliteratur zur Verfügung stellte, konnte mit den Privilegien der Nomenklatura rechnen.

Einen ersten Befreiungsversuch machten die Schriftsteller während der pragmatischen sechziger Jahre. Sie kamen nicht weit. Die politische Lage war zu verwirrend, ihre eigenen Forderungen wenig fundiert, die Korruption unter den Schriftstellern groß. Ceausescu verstand es, durch seine spektakulären und demagogischen Auftritte und Entscheidungen, immer wieder Schriftsteller auf seine Seite zu ziehen. Nach seiner aufsehenerregenden Rede gegen den Einmarsch der Warschauer-Pakt-Staaten in Prag traten viele Schriftsteller 1968 demonstrativ der KP bei. Unter ihnen war selbst Paul Goma, der in den Fünfzigern im Gefängnis gesessen hatte und später eine Menschenrechtsbewegung gegen Ceausescu begründen sollte.

Noch zehn Jahre danach verstand es der Diktator, auch einen Teil der Schriftsteller durch die formale Aufhebung der Zensur zu täuschen. Er ließ die Zensurbehörde auflösen und übertrug die Zensuraufgaben an Verlagsleiter und Chefredakteure. Diese wiederum wurden von einer Institution überwacht, die sich Kulturrat nannte und paßten nun besonders gut auf, weil sie um ihre Stühle bangten. Die Aufhebung der Zensur bedeutete so ihre Verschärfung. Viele Schriftsteller ließen sich von Ceausescus Nationalismus verführen, andere hatten einfach zu hohe Schulden. Über die Kasse des Schriftstellerverbandes wurde den Schriftstellern Geld geliehen, manche hatten soviel im Laufe der Jahre genommen, daß sie es nicht mehr zurückzahlen konnten. In den Machtkämpfen im Schriftstellerverband ging es immer auch um die Kasse, um die Privilegien.

Trotzdem hatte sich im Verband eine gewisse kritische Stimmung halten können. Kritik aus dem Schriftstellermilieu gab es an Ceausescu 1971, als er durch seine Juli-Thesen mit einer Kulturrevolution die Re-Stalinisierung des Landes einleitete. Es gab aber unter den Schriftstellern die irrige Meinung, sich durch Kompromisse mit der Macht mit den eigenen Forderungen durchsetzen zu können. So ließen sich viele, auch Prominente, auf den Personenkult ein. Sie nahmen Ceausescu nicht ernst genug. Dieser aber verachtete sie. Er sah in ihnen heimliche Gegner und kürzte ihre Privilegien, wo er konnte. Ihm schwebte eine andere Kultur vor, jene der von ihm begründeten »Cintarea Romaniei« (Gesang Rumäniens); eine Fusion von Kitsch und Nationalismus und Personenkult als Laienkunst.

Zuletzt war der Schriftstellerverband eine handlungsunfähige Organisation, die dem Zentralkomitee direkt unterstellt war, und die ihren eigenen Kongreß, ihre Mitgliederversammlung, nicht mehr einberufen durfte. Die Verlautbarungen des Verbands beschränkten sich auf diverse Huldigungsadressen an das Herrscherpaar.

Der Hofnarr als Normalisierer

Nach dem Sturz Ceausescus hat der Dichter *Mircea Dinescu* die Leitung des Verbands übernommen. Es hätte ein Neuanfang sein können. Aber Dinescu reformierte den Verband nicht grundlegend. Eine Debatte über die Vergangenheit blieb aus.

Der Verband befreite sich von seinen Personenkultaufgaben, aber fast die gesamte Verbandsbürokratie wurde beibehalten. Sogar der von den Autoren gesprächsweise stets als »der Oberst« bezeichnete SF-Schriftsteller Ion Hobana, der den Verband unter Ceausescu im Auftrag der Securitate überwachte, blieb im Amt. Der Verband diskutierte weder seine eigene Vergangenheit noch die der rumänischen Gesellschaft. Man strebte einfach eine Normalisierung des literarischen Lebens an, seine Befreiung von den Auswüchsen der Ceausescu-Herrschaft, also kaum mehr als eine Rückkehr in die sechziger Jahre, was ja auch den Intentionen weiter Teile der herrschenden Front entsprach. So hat der Verband, wenn überhaupt, auch nur laue Pflichterklärungen zu den politischen Vorgängen im Land seit der Dezember-Revolution abgegeben. In der politischen Öffentlichkeit des Landes spielt er so gut wie keine Rolle.

Das läßt sich leider auch von seinem Präsidenten Dinescu sagen. Dessen politische Aktivitäten waren schon bald nach der Revolution beendet. Dinescu taktierte mit der neuen Macht und verhielt sich zumeist opportun. Er weigerte sich, zu den Besetzern auf dem Universitätsplatz in Bukarest zu sprechen, als diese nach ihm riefen. Mehr noch: Im Übergangsparlament vor den Wahlen äußerte er, man solle nicht mit Waffengewalt, sondern nur mit Wasserwerfern gegen die Demonstranten vorgehen oder, noch besser, man solle sie doch einfach sich bräunen lassen, bis sie die Lust verlieren. Dinescu war im Übergangsparlament der Politclown, der durch seine gelungenen Späße wissentlich oder unwissentlich die Verkrampfungen zugunsten der Front löste. Sein Sarkasmus hat den subversiven Charakter, den er unter Ceausescu hatte, verloren. Er wurde mindestens zeitweise zur Diversion.

Unter den ganz wenigen Büchern, die 1990 erschienen sind, befindet sich auch der Gedichtband des Verbandsvorsitzenden *Der Tod liest Zeitung,* der unter Ceausescu nicht erscheinen konnte. 200 000 soll die Startauflage gewesen sein. Für die Bücher der meisten übrigen Autoren gibt es weder Papier noch Druckmöglichkeiten. Denn die Druckereien haben sich ausschließlich dem einträglichen Geschäft mit den Zeitungen gewidmet. Wegen dieser unhaltbaren Situation ist im August eine Abordnung des Verbands mit Dinescu an der Spitze bei Staatspräsident Iliescu vorstellig geworden. Die Begegnung fand, wie unter Ceausescu üblich, innerhalb einer Audienz des Staatsoberhauptes statt. Sie ist natürlich folgenlos geblieben.

Auch Positives ist aus dem Verband zu melden: Im September hat er endlich den Schriftsteller und Securitate-Mitarbeiter Eugen Barbu, der die faschistische Wochenzeitung *Romania Mare* (Groß-Rumänien) leitet, ausgeschlossen. Daraufhin veröffentlichte *Romania Mare* seitenlange Beschimpfungen und Verleumdungen gegen Dinescu.

Autokephale Wendehälse

Zu den Siegern, die nichts zur Revolution beigetragen haben, gehören auch die Kirchen im Lande. Noch am 21. Dezember 1989 hatte Teoctist, der Patriarch der *Orthodoxen Kirche,* der größten im Lande, ein Loyalitätstelegramm an den Diktator geschickt. Das hinderte ihn nicht daran, am Tag darauf mit den Revolutionären im Fernsehen zu erscheinen, nachdem das Blatt sich eindeutig gewendet hatte, versteht sich. Unter dem Druck der Studenten mußte er ein paar Tage später zurücktreten, aber bereits im Frühjahr wurde er von der Synode in sein Amt zurückgeholt. Die Begründung war, Teoctist habe nichts anderes getan als alle anderen Mitglieder der Synode.

Der regionalen und ethnischen Vielfalt in Rumänien entspricht eine Vielfalt der Kirchen. Die absolute Mehrheit der Bevölkerung ist griechisch-orthodox. Dies ist auf das Verbot der Unierten, mit dem Vatikan verbundenen Kirche in Siebenbürgen im Jahre 1947 zurückzuführen. Diese Kirche wurde mit der Orthodoxen von den Stalinisten nach sowjetischem Modell zwangsvereinigt, ihr gesamtes Eigentum fiel an die orthodoxe Kirche. Die Kollaboration der orthodoxen Kirche begann also bereits mit dem Machtantritt der Stalinisten mit einer Beuteteilung. Unter diesem Unstern steht das Verhältnis der orthodoxen Kirche zum Staat bis heute.

Die *Unierte Kirche* hatte eine wichtige kulturelle Rolle für die Rumänen in Siebenbürgen, seit dieses österreichisch und ungarisch verwaltet wurde. Sie war das Zentrum der Studien über die lateinischen Herkunft der rumänischen Sprache und Kultur. Die Verbindung zum Vatikan war jahrhundertelang, jenseits ihrer politischen Instrumentalisierung durch das Haus Habsburg, *die* Verbindung der Rumänen mit dem Westen gewesen! Durch die »Scoala ardeleana« (Siebenbürgische Schule) war im 18. Jahrhundert im Milieu dieser Kirche ein Aufklärungskern geschaffen worden. Das alles nützte dieser Kirche nichts, als sich 1947 die totalitären Ansprüche von Orthodoxie und Stalinismus verbanden. Der Riß in der rumänischen Gesellschaft zwischen lateinischer Kultur und byzantinischer Kirche verschob sich noch mehr zugunsten von Byzanz. Die Unierte Kirche wurde vom atheistischen Staat enteignet, ihre Priester verschwanden in den stalinistischen Gefängnissen, ihre Gläubigen wurden zum Eintritt in die Orthodoxe Kirche gezwungen.

Erst nach der Dezember-Revolution wurde das Verbot der Unierten Kirche aufgehoben, aber die Orthodoxe Kirche zeigt sich bis heute wenig kooperationsbereit und weigert sich strikt, Kirchen und sonstiges Eigentum zurückzugeben. Die fadenscheinige Begründung lautet, die Unierte Kirche hätte ja keine nennenswerte Glaubensgemeinschaft mehr und die Kirchen würden von den Orthodoxen benötigt. So sollen die Romtreuen Priester für ihre Verfolgung ein zweites Mal bestraft werden.

Die Orthodoxe Kirche ist in den frühen fünfziger Jahren von den Stalinisten völlig umgestaltet worden. Da es sich um eine autokephale Kirche handelt (d. h. eine Kirche ohne geistliches Oberhaupt in Rom), hatten die neuen Machthaber freie Hand. Sie tauschten einfach die gesamte Führung der Kirche aus, brachten sie innerhalb weniger Jahre unter die Vormundschaft des von ihnen eingerichteten Kultusministeriums, über das die Würdenträger aller Kirchen des Landes ernannt und kontrolliert wurden. Wer von den Pfarrern nicht zur Kooperation bereit war, wurde ins Gefängnis geworfen. Größere Schwierigkeiten entstanden nur mit der katholischen Kirche, die nicht bereit war, sich vom Vatikan zu trennen. Die Basis dieser Kirche stellen Teile der ungarischen und der deutschen Minderheit dar.

Es kam nicht nur zur massiven Kollaboration durch die Kirchen, es wurden auch in immer größerer Zahl Agenten der

Securitate in die Kirchenhierarchien eingeschleust, an den staatlich zugelassenen Kirchenseminaren wurden immer wieder auch Mitglieder der Securitate zu Priestern ausgebildet. So wurde binnen mehrerer Jahrzehnte der Klerus systematisch von der Securitate durchsetzt.

Die Situation der Kirchen im Rumänien des Conducators bestand somit in einer merkwürdigen Mischung aus Verboten und Privilegien. Die kirchlichen Feiertage waren bis zuletzt offiziell nicht zugelassen, aber die Gehälter der Pfarrer und Kirchenmitarbeiter wurden vom Staat bezahlt. Die Kommunisten gaben sich agnostisch, aber, um die Einheit der Nation zu demonstrieren, setzten sich auch Bischöfe ins Bukarester Scheinparlament. Die Würdenträger der Kirche hatten weitgehend die Privilegien der Nomenklatura. Der schwarze Dienstwagen des orthodoxen Metropoliten unterschied sich kaum von jenem des Ersten Sekretärs des Kreisparteikomitees. Der Vorgänger Ceausescus, der Stalinist Gheorghiu-Dej, wurde öffentlich nach orthodoxem Ritus begraben. Dies in einem Staat, in dem es für die Öffentlichkeit weder Ostern noch Weihnachten gab. Dabei ist die Bevölkerung sehr religiös und auch die Nomenklatura hatte zu Hause den Weihnachtsbaum stehen. Das kommunistische Winterbaumfest war am 1. Januar, aber die Tannen wurden stillschweigend in den ersten Dezemberwochen zum Verkauf angeboten.

Die Kirchen arrangierten sich mit dem System, versuchten zu überleben. Sie beteiligten sich weitgehend an den propagandistischen Feldzügen des Regimes, unter Ceausescu auch am Personenkult; die orthodoxe Kirche ließ zur Eröffnung der Messen Gebete für den Diktator sprechen, sie beteiligte sich in den achtziger Jahren mit Buchpublikationen an den anti-ungarischen Kampagnen Ceausescus in der Siebenbürgenfrage. Dies, während der Diktator immer mehr Kirchen abreißen ließ, auch solche von unschätzbarem kulturhistorischem Wert! Aber genau deshalb mußten sie vom Erdboden verschwinden. Der Diktator, der den um ihn entfachten Personenkult offenbar als einziger ernst nahm, wollte nur Werte seiner eigenen Zeit, der »goldenen Epoche«, gelten lassen. Und die Würdenträger der orthodoxen Kirche gaben sogar ihren Segen zu diesen Abrissen.

An der Spitze der orthodoxen Kirche standen unter Ceausescu zumeist Priester, die in den fünfziger Jahren in den Gefängnissen gewesen waren. Es sind Leute, die diese mörderischen Anstalten überlebt haben, viele von ihnen wahrscheinlich mit dem Preis des Charakters und der Würde. Jedenfalls leisteten sie nach ihrer Freilassung keinen Widerstand, sie wurden vielmehr zu Werkzeugen der Macht.

Eine besondere Rolle kam den Kirchen bei den Auslandsaktivitäten des Regimes zu. Mit ihrer Hilfe suchte man das rumänische Exil zu beeinflussen und zu kontrollieren, die Securitate versuchte immer wieder, einzelne rumänische Kirchen im Ausland unter ihre Kontrolle zu bringen, die Pfarrer dieser orthodoxen Kirchen wurden in der Regel vom Bukarester Patriarchen ernannt. Eine weitere Aufgabe kam den Kirchen bei der Verhinderung von Resolutionen gegen das Ceausescu-Regime innerhalb des Weltkirchenrates zu: zweimal, 1988 und 1989, wurde innerhalb dieses Gremiums, auf Betreiben der rumänischen Kirchenvertreter, eine Verurteilung des Ceausescu-Regimes verhindert. Verhindert wurden auch kritische Veranstaltungen innerhalb der Kirchen im Ausland, die sich auf Rumänien bezogen. 1988 wurde ich vom Evangelischen Kirchentag in Berlin zu einer Podiumsdiskussion über Rumänien eingeladen und auf Betreiben der Evangelischen Kirche in Siebenbürgen, unter Federführung des inzwischen verstorbenen Bischofs Klein aus Hermannstadt, wieder ausgeladen.

Die Kirchen haben auch einen wesentlichen Beitrag zur Verfolgung ihrer eigenen Priester geleistet. Orthodoxe Pfarrer, die als regimekritisch galten, wurden von der Kirchenführung auf Geheiß der Securitate aus ihren Ämtern entfernt und so der Repression ausgeliefert. Als der Pfarrer Gheorghe Calciu-Dumitreasa (1979) verhaftet wurde und vier Jahre lang im Gefängnis saß, war von der Kirche zu dem Fall überhaupt nichts zu vernehmen. Der reformierte Pfarrer Tökes wurde von seinen Bischöfen im Dezember 1989 zwangsversetzt, wodurch die Securitate offen gegen ihn vorgehen konnte. Nach der Revolution tauchten seine beiden vorgesetzten Bischöfe unter; der eine hat sich mittlerweile nach Frankreich abgesetzt.

Der Opportunismus der Staatskirchen hat in Verbindung mit der tiefen materiellen und moralischen Krise der Ceausescu-Gesellschaft schon seit den siebziger Jahren zu einem massiven Anwachsen Dutzender von neoprotestantischen Freikirchen und Sekten (Adventisten, Baptisten, Pfingstler, Zeugen Jehovas u. a.) geführt. Diese wurden unter Ceausescu von der Securitate observiert und schikaniert. Viele Angehörige der Freikirchen, die teils verboten, teils zugelassen waren, wurden zur Ausreise, meistens in die USA, gedrängt. Die Attraktivität dieser Kirchen, die jetzt freier auftreten können, hat auch nach der Revolution nicht nachgelassen.

Aus den Staatskirchen war unter den neuen politischen Bedingungen wenig Selbstkritisches zu hören. Sie beeilten sich vielmehr, ihre neuen Privilegien, die ihnen durch den Blutzoll der Bevölkerung in den Schoß gefallen waren, gottgefällig und ohne mindeste Selbstzweifel wahrzunehmen. Eine maximale öffentliche Präsenz ist den Kirchen seit der Revolution sicher. Die öffentliche Gemeinschaft der Opportunisten des Landes hat sich mühelos die neue Sprachregelung angeeignet: das Wort »Sozialismus« wurde durch das Wort »Gott« ersetzt. Die Fernsehleute sprechen es bereits mit derselben Ergriffenheit aus.

Die jahrzehntelang verfolgte katholische Kirche nützte den günstigen Zeitpunkt zu einer ersten organisatorischen Festigung: Der Vatikan ernannte in einem Handstreich neue Bischöfe, die vor vollendete Tatsachen gestellte rumänische Regierung protestierte schwach. Die jüdische Gemeinschaft und die evangelische Kirche in Siebenbürgen sind mit der Auflösung ihrer Basis durch die Auswanderung der Deutschen und Juden konfrontiert.

Innerhalb der orthodoxen Kirche hat sich bereits im Januar 1990 eine »Gruppe zur Reflexion über die Erneuerung der Kirche« gebildet. In ihr sind Theologen, Pfarrer, aber auch Künstler und Intellektuelle aktiv. Zu den Reformern gehört auch der neue, erst 39 Jahre alte Metropolit der Moldau und der Bukowina, *Daniel Ciobotea*. Ob sich aus diesen Bestrebungen tatsächlich eine glaubwürdige Erneuerung der Kirche ergibt, muß sich allerdings noch zeigen.

8
Die ungelösten Nationalitätenkonflikte

Die Minderheitenfrage ist seit der Gründung des modernen rumänischen Staates im Jahre 1918 eine – ja vielleicht: *die* – zentrale Frage der Innenpolitik. Über größere Zeiträume beherrschte die nationale Frage die Innenpolitik. Ein neuer Nationalstaat, der sich von Anbeginn an administrativ zentralistisch organisierte, befand sich im Dauerkonflikt mit den divergierenden Regionalismen seiner Gesellschaft.

In den Friedensverträgen nach dem ersten Weltkrieg mußte sich das neue Rumänien, das ja zum Teil auch ein Nachfolgestaat des Habsburgischen Imperiums war, zu einem Minderheitenstatut verpflichten. Seine erstaunliche territoriale Vergrößerung sollte durch einen Minderheitenschutz für die nichtrumänischen Bevölkerungsgruppen gemildert werden.

Artikel 8 aus dem Pariser Minderheitenschutzvertrag vom 9. Dezember 1919
Alle rumänischen Staatsangehörigen sind vor dem Gesetz gleich und genießen ohne Unterschied des Volkstums, der Sprache oder der Religion die gleichen bürgerlichen und politischen Rechte.

Der Unterschied der Religion, der Weltanschauung oder des Bekenntnisses soll keinem rumänischen Staatsangehörigen im Genusse der bürgerlichen oder staatsbürgerlichen Rechte schaden, insbesondere bei der Zulassung zu öffentlichen Ämtern, Tätigkeiten und Ehrenstellen oder bei der Ausübung der verschiedenen Berufe und Gewerbe.

Kein rumänischer Staatsangehöriger darf in dem freien Gebrauch einer beliebigen Sprache irgendwie beschränkt werden, weder in seinen persönlichen oder wirtschaftlichen Beziehungen, noch auf dem Gebiet der Religion, der Presse oder bei Veröffentlichungen jeder Art, noch endlich in öffentlichen Versammlungen.

Unbeschadet des Rechtes der rumänischen Regierung, eine Staats- und Amtssprache zu bestimmen, müssen den fremdsprachigen rumänischen Staatsangehörigen für den schriftlichen oder mündlichen Gebrauch ihrer Sprache vor den Gerichten angemessene Erleichterungen gewährt werden.

Die rumänische Politik nahm diese Verpflichtungen notgedrungen an, suchte aber von Anfang an ihre Realität zu unterlaufen. Das führte zu einem andauernden Kampf mit den sich zäh verteidigenden Minderheiten. Es war nie eine große, dezidierte Auseinandersetzung mit Entscheidungsschlachten, eher ein permanentes Tauziehen, begleitet von Scharmützeln und kleinen Gefechten. Das führte dazu, daß der jeweils bestehende Zustand von allen Seiten als provisorisch angesehen wurde.

Überschattet und zum Teil auch instrumentalisiert war der Nationalitätenkonflikt in Rumänien stets von der rumänisch-ungarischen Auseinandersetzung um Siebenbürgen und die dortige ungarische Minderheit. Siebenbürgen gehörte bis nach dem Ende des ersten Weltkrieges zum Habsburger Reich, insbesondere seit dem Ausgleich zwischen Österreich und Ungarn im Jahre 1867 war seine Verwaltung fest in Budapester Hand. Budapest strebte in der zweiten Hälfte des vorigen Jahrhunderts unverhohlen die Errichtung eines ungarischen Nationalstaats innerhalb des k. und k. Reiches an, um auf diese Weise die nationalistischen Ideale von 1848 zu verwirklichen. Mit dieser aggressiv gegen die anderen nationalen Gruppen im eigenen Verwaltungsgebiet gerichteten Politik trug Budapest, namentlich durch die »Magyarisierung«, viel zur Desintegration des Imperiums bei.

Das Trianon-Trauma – oder warum der Hader zwischen Ungarn und Rumänen kein Ende nimmt

Trianon, der Ort der Friedensverträge mit Ungarn nach dem ersten Weltkrieg, sollte bis heute ein Trauma für viele Ungarn bleiben; ein Drittel der Ungarn lebt seither in den Nachbarländern Rumänien, Tschechoslowakei und Jugoslawien.

Die Ungarn im nun rumänischen Siebenbürgen gewöhnten sich nur schwer an ihre neue Situation, vom Staatsvolk waren sie über Nacht zur nationalen Minderheit geworden. Diese Entwicklung hatte niemand vorausgesehen, keiner war darauf vorbereitet. Lange Zeit hofften die Ungarn auf eine Revision der Grenzen. Eine Teilrevision nahmen Hitler und Mussolini zugunsten Ungarns im *Wiener Schiedspruch* von 1940 vor. Das sogenannte Nordsiebenbürgen wurde wieder an Ungarn angeschlossen, es waren dies vorwiegend Gebiete mit relativer ungarischer Bevölkerungsmehrheit. Für die Beziehungen zwischen Ungarn und Rumänien war dies das entscheidende Vergiftungsmaß: die Ungarn wollten ganz Siebenbürgen, die Rumänen ebenfalls.

Diese Grenzrevision sollte bis zum Ende des zweiten Weltkriegs bestehen. Sie stellte für die Rumänen 1944 eine zusätzliche Motivation für den Frontwechsel zugunsten der Alliierten dar. Am Kriegsende konnte Stalins Sowjetunion mit dem Pfand Siebenbürgen in Rumänien innenpolitisch Druck ausüben: Erst *nach* der Installierung der ersten prokommunistischen Regierung am 6.3.1945 wurde ganz Siebenbürgen von der sowjetischen Besatzungsarmee an die rumänische Verwaltung abgegeben.

Im Gegenzug sprachen die rumänischen Stalinisten der ungarischen Minderheit weitreichende kulturelle Rechte zu. In Klausenburg wurde die ungarische Bolyai-Universität zugelassen, das Siedlungsgebiet der ungarischen Szekler im Inneren des Karpatenbogens wurde zur *Ungarischen Autonomen Region*. So sollte die ungarische Minderheit beruhigt werden. Aber bald schon gingen die rumänischen Stalinisten auf ihren nationalen Kurs. Die erste größere nationalistische Repression gegen die ungarische Minderheit setzte nach der Niederschlagung des Aufstands in Budapest von 1956 ein. Die rumänischen Stalinisten wollten nach dem 20. Parteitag in der Sowjetunion durch nationales Engagement ihre eigene Haut retten.

Auch Ceausescu, der zur Führungsmannschaft gehörte, war in der ungarischen Frage aktiv. Er ließ die ungarische Hochschule in Klausenburg schließen und mit der rumänischen Babes-Universität zwangsvereinigen. Jahre später, als er bereits die Parteiführung übernommen hatte, hob Ceausescu die Autonomie durch eine Verwaltungsreform auf. Die ehemalige Ungarische Region zerfiel dadurch in drei Kreise. Seit den siebziger

Jahren war die ungarische Minderheit der allgemeinen kulturellen und ökonomischen Zerstörung durch die Wahnideen des Herrscherpaars ausgesetzt. Schulen wurden verkleinert, Zeitungen erhielten weniger Papier, Rundfunk – und Fernsehsendungen wurden eingestellt.

Das Ceausescu-Regime bediente sich des Nationalismus als innenpolitischer Diversion. Lange benützte es den Antisowjetismus als Legitimation. Mit dem Machtantritt von Gorbatschow und der Verschärfung der Versorgungskrise in Rumänien um die Mitte der achtziger Jahre wurde der Antisowjetismus wirkungslos. Es gab sogar immer mehr Leute, die einen Einmarsch der Russen in Rumänien befürworteten. In dieser Situation rückten Ceausescus Propagandisten erneut die Siebenbürgenfrage in den Vordergrund. Der Hauptfeind an der Propagandafront wurde wieder der ungarische Revisionismus. Die Wiederbelebung der Siebenbürgenfrage spielte aber auch in der Öffentlichkeit des sich reformierenden Ungarn eine gewisse Rolle. Die Chauvinisten auf beiden Seiten nützten die Möglichkeiten der Stunde.

Fatal ist für die ungarische Minderheit in Rumänien die Verknüpfung ihrer Forderungen nach Minderheitenrechten mit der Territorialfrage. So konnten unter Ceausescu alle Forderungen der ungarischen Minderheit erfolgreich abgeblockt werden. Durch die Wiederbelebung der Siebenbürgenfrage hoffte Ceausescus Securitate auch das Übergreifen der Reformideen aus dem Nachbarland Ungarn verhindern zu können. Die einzige Samisdat-Zeitschrift im Ceausescu-Rumänien war schließlich am Anfang der achtziger Jahre innerhalb der ungarischen Minderheit entstanden.

Ceausescus Nachfolger scheinen ihre Politik der ungarischen Minderheit gegenüber nicht wesentlich geändert zu haben, obwohl es in den ersten Wochen nach der Dezember-Revolution anders aussah. Die Revolution hatte ihren Ausgang in Temeswar in dem Konflikt um den ungarischen *Pastor Tökes* genommen. Er war einer der populärsten Leute der ersten Stunde. Aber schon bei den Mai-Wahlen reichte die Stimmenzahl für ihn nicht, um in den Senat gewählt zu werden. Tökes kandidierte im Kreis Temesch, im Banat. Die Ungarn haben dort nur einen relativ kleinen Bevölkerungsanteil und die Deutschen, mit denen es eine Wahlabsprache gab, haben offenbar ebenso wie die Rumänen nicht für Tökes gestimmt. Die Deutschen, weil sie bloß ausreisen wollten, die Rumänen aus nationalistischen Erwägungen. Hoffen ließ auch ein führender Politiker der aus der Revolution hervorgegangenen Front zur Nationalen Rettung, *Karoly Kiraly*. Kiraly kommt aus dem Apparat der KP, er hatte bereits in den siebziger Jahren gegen die Minderheitenpolitik des Ceausescu-Clans protestiert, und war dann ähnlich wie Iliescu, in die Provinz verbannt worden.

Die ungarische Minderheit hat ihre eigene politische Vertretung gegründet, die »Demokratische Union der Ungarn in Rumänien«. Sie trat sofort mit weitreichenden Forderungen auf, und begann diese regional zum Teil auch durchzusetzen. Die Schulen sollten wieder getrennt werden, die Bolyai-Universität in Klausenburg neu entstehen. Das trug ihr den Vorwurf des Separatismus ein, der Nationalismus trieb im nachrevolutionären Rumänien neue Blüten, obwohl er Teil der Ceausescu-Propaganda war. Im Zuge der ungarischen Forderungen wurde die rumänische Nationalistenorganisation »Vatra Romaneasca« (Rumänische Heimstatt) gegründet, und es kam, nach allerhand verbalen Eskalationen, zu dem, was kommen mußte, zu gewalttätigen Auseinandersetzungen in der siebenbürgischen Stadt Tirgu-Mures, ungarisch Marosvasarhely, wo Ungarn und Rumänen zu je 50% leben. Es gab Tote, und beim Sturm auf den Sitz der Filiale der Ungarischen Union durch die Rumänen wurde der bekannteste Schriftsteller der ungarischen Minderheit *Sütö Andras* schwer verletzt. Der Hergang der Unruhen von Tirgu Mures wurde nicht geklärt, obwohl eine Untersuchungskommission eingesetzt wurde. Es sieht nicht so aus, als ob die Behörden ein Interesse an der Aufklärung der Vorgänge hätten.

Jedenfalls wurden die Versöhnungsversuche zwischen Ungarn und Rumänen von den rumänischen Nationalisten von Anfang an boykottiert. Die Nationalisten wurden von Behörden dabei unterstützt. So wurde die Zulassung der Kandidatur bei den Mai-Wahlen der Leiterin des Puppentheaters von Tirgu-Mures Smaranda Enache verweigert. Frau Enache hatte sich für die ungarisch-rumänische Versöhnung engagiert.

In den Mai-Wahlen errang die Union der Ungarn 7% der Stimmen, und wurde, dank der politischen Zersplitterung außerhalb der regierenden Front, zur zweitstärksten politischen Kraft im Lande und im Parlament. Dieser Sieg hat einen ironischen Zug, er stellt aber auch eine Herausforderung für die frustrierten rumänischen Nationalisten dar und macht das Agieren im Parlament sowohl für die Ungarische Demokratische Union als auch für die demokratische rumänische Opposition schwierig, weil ihr eventuelles Zusammengehen von den Nationalisten als Verrat eingestuft werden wird.

Eine Aussöhnung zwischen Ungarn und Rumänen lag nach der Dezember-Revolution sehr nahe. Nach ein paar Monaten ist sie wieder in weite Ferne gerückt, auch die Beziehungen zwischen den Staaten Ungarn und Rumänien haben sich verschlechtert. Auch Budapester Äußerungen haben dazu beigetragen. Das Ungarische Demokratische Forum, Regierungspartei in Ungarn, setzt seinerseits auf die nationale Karte, Ministerpräsident Antall hat sich im Sommer als Ministerpräsident aller Ungarn, auch derer außerhalb der Staatsgrenzen präsentiert. In der heute zensurfreien ungarischen Öffentlichkeit hat sich eine neue Trianon-Debatte etabliert.

Die rumänische Seite lehnt die Wiedereröffnung des ungarischen Konsulats in Klausenburg ab. Das Konsulat war von Ceausescu geschlossen worden. Ebenfalls abgelehnt wird von der rumänischen Seite die Wiedereröffnung der ungarischen Bolyai-Universität in Klausenburg. Die Leidtragenden dieser Auseinandersetzungen sind die Angehörigen der ungarischen Minderheit in Rumänien. Ihre Demokratische Union hat politisch einen gemäßigten Kurs eingeschlagen, sie plädieren für Versöhnung und haben ausdrücklich ihre Loyalität zum rumänischen Staat erklärt. An der Spitze der Union stehen *Domokos Geza*, ein Intellektueller, der aus dem KP-Apparat kommt und zu den Ceausescu-Gegnern gehörte, und der Dichter *Szöcs Geza*, der als Dissident unter Ceausescu ins Exil gegangen ist und nun zurückkehrte.

Die zwei Millionen Ungarn stellen einen wichtigen Faktor in der rumänischen Gesellschaft dar. Sie sind die bedeutendste ethnische Minderheit im heutigen Osteuropa, man kann sie weder assimilieren noch ausgrenzen. Ohne eine Versöhnung zwischen Ungarn und Rumänen wird es keine ruhige Zukunft für die rumänische Gesellschaft geben, bei anhaltender Vergiftung besteht im Szeklerland, wo die Ungarn einen Anteil von 80-90% haben, die Gefahr eines Nagornyi-Karabach-Effekts. Das Gebiet befindet sich im Inneren des Karpatenbogens und hat keine direkte Verbindung zu Ungarn. Das Problem fordert Mäßigung und Toleranz von allen Seiten, von der ungarischen Minderheit, von der rumänischen Mehrheitsbevölkerung, von den Politikern Ungarns und Rumäniens.

Die »Volksgruppe« – oder warum die Ausreisewelle der Deutschen weiter wächst

Für die meisten Angehörigen der deutschen Minderheit war die Dezember-Revolution das Signal zum Sturm auf die Paßämter. Darüber war man vor allem in der Bundesrepublik und im Auswärtigen Amt erstaunt. Die Bundesregierung, mit dem Aussiedlerproblem der letzten Jahre konfrontiert, dachte, wenigstens den Rest der Rumäniendeutschen am Ort stabilisieren zu können. Das ist eine Illusion.

Zu viele der Rumäniendeutschen sind bereits ausgewandert. Zehn Jahre früher wäre vielleicht noch etwas zu machen gewesen, aber auch dann nur bei einem radikalen gesellschaftlichen Wandel, der auch jetzt nicht eingetreten ist.

Vierzig Jahre nach dem Weltkrieg gibt es so gut wie keine rumäniendeutsche Familie, von der nicht ein Teil, meist ist es der größere, in der Bundesrepublik lebt.

Die Bezeichnung »rumäniendeutsch« ist ein Kunstwort, nach staatspolitischen Kriterien entstanden. Sie soll die Deutschen auf dem Territorium des heutigen rumänischen Staates benennen. Diese Deutschen bestehen aus zwei großen und mehreren verschwindend kleinen Gruppen. Die beiden großen Bevölkerungsgruppen sind: die Banater Schwaben und die Siebenbürger Sachsen. Die *Siebenbürger Sachsen* wurden von den ungarischen Königen im 12. Jahrhunderts ins Land gerufen, sie wurden im Karpatenbogen zwecks wirtschaftlichem Aufbau und Grenzsicherung angesiedelt. Das Gebiet befand sich unter ungarischer Verwaltung. Die *Banater Schwaben* kamen im 18. Jahrhundert auf den Ruf der Habsburger in das Land zwischen Donau, Theiß und Marosch. Es galt, das nach den Türkenkriegen verwüstete Land wirtschaftlich nutzbar zu machen. Die deutschen Bevölkerungsgruppen in diesen Gebieten waren Implantate, ihnen kamen zivilisatorische Aufgaben zu, sie hatten ein stark ausgeprägtes koloniales Selbstbewußtsein, das sie noch lange prägen sollte – und nicht zuletzt in den dreißiger Jahren für den Nationalsozialismus anfällig machte. Zum Teil ist es bis heute manifest. Das Denken vieler Rumäniendeutschen ist bis heute weitgehend ethnozentristisch geblieben. Sie waren zu lange Zeit sendungsbewußt und blickten herablassend auf die Völker rundherum.

In Rumänien, in das sie durch die Friedensverträge nach dem ersten Weltkrieg kamen, haben sie bis heute deutschsprachige Schulen und Medien. In den dreißiger Jahren setzte die Verstrickung in den Nationalsozialismus sehr früh ein. Eigene, oft rivalisierende nationalsozialistische Organisationen wurden gegründet. Bei den Divergenzen handelte es sich weniger um ideologische Positionen als um persönliche Machtkämpfe. Für eine nationale Minderheit bleibt das kulturelle, das Ideenzentrum stets das Land ihrer Herkunft. Viele der jungen Sachsen und Schwaben haben am Anfang der dreißiger Jahre in Deutschland studiert, sind dort auf die nationalsozialistischen Ideen gestoßen. Innerhalb der Minderheit kam es nun zu Auseinandersetzungen zwischen den älteren biederen Politikern und den jungen, weltgewandten. Die nationalsozialistischen Ideen erschienen so als Ideen der Jugend, die Auseinandersetzung zwischen traditionell-konservativen und nationalsozialistischen Positionen stellte sich als Generationskonflikt dar. Die jungen Leute bezeichneten sich selbst als »Erneuerer«. Die Auseinandersetzungen zwischen den einzelnen Gruppen dauerte bis zum Ende der dreißiger Jahre, erst mit dem Beginn des zweiten Weltkriegs gelang die endgültige Gleichschaltung der deutschen Minderheit in der sogenannten *Volksgruppe* des Andreas Schmidt, die enge Beziehungen zur SS unterhielt. Schmidt war der Schwiegersohn eines hohen SS-Offiziers. Die Volksgruppe war unter dem Antonescu-Regime ein Staat im Staat, es war die fünfte Kolonne des Dritten Reichs. Alle deutschsprachigen Schulen und Zeitungen wurden von der Volksgruppe kontrolliert. Ab 1943, als Folge eines Abkommens zwischen Hitler und dem rumänischen Diktator Antonescu, konnten die Rumäniendeutschen in die deutschen Armeen eintreten, obwohl sie keine deutschen Staatsbürger waren. Die meisten kamen zur Waffen-SS. Etwa 50 000 Rumäniendeutsche wurden so zu deutschen Soldaten. Ein Teil der Überlebenden ist nach dem Krieg in Deutschland geblieben.

In der unmittelbaren Nachkriegszeit waren die Rumäniendeutschen Stalins These von der »Kollektivschuld« ausgesetzt. Rumänien vertrieb zum Unterschied von anderen osteuropäischen Staaten seine Deutschen nicht. Es gab keine Territorialprobleme mit Deutschland, keine gemeinsamen Grenzen, Rumänien war bis zum letzten Kriegsjahr Verbündeter des Dritten Reiches an der Ostfront gewesen, es gab kein Okkupationsproblem, zwischen Deutschen und Rumänen war kein gewachsener Haß.

Das neue Rumänien deportierte seine arbeitsfähigen Deutschen, Männer und Frauen, zur Zwangsarbeit in die Sowjetunion. Die meisten blieben dort bis 1949. Viele starben in den Arbeitslagern. Ein Teil der Überlebenden wurde nach Deutschland entlassen, die anderen kehrten nach Rumänien zurück. Eine zweite Deportation gab es 1951 ins Innere des Landes, in die Baragan-Steppe. Anlaß war diesmal der anhaltende Konflikt Stalins mit Tito. Aus dem Grenzgebiet zu Jugoslawien wurden die unzuverlässigen Elemente, unter ihnen viele Banater Schwaben, abgezogen.

Während der gesamten fünfziger Jahre wurde den Rumäniendeutschen ihre »SS-Vergangenheit« vorgehalten. Sie war in ihren Akten stets präsent und verhinderte den hierarchischen Aufstieg in Betrieb und Gesellschaft. Hinzu kam die totale Enteignung des gesamten Eigentums, selbst der Wohnhäuser. Diese erhielten sie erst 1955 zurück, das weitere Eigentum nie mehr.

Die Rumäniendeutschen sahen seit dem Ende des zweiten Weltkriegs und der Installierung des Stalinismus in Rumänien keine Zukunft mehr in diesem Land. Seit Kriegsende bestand das Problem der Familienzusammenführung. 1938 lebten knapp 800 000 Deutsche in Rumänien, am Ende der vierziger

Jahre waren es noch 400 000, bis zum Ende der Ceausescu-Diktatur hat sich auch diese Zahl halbiert.

Das Elend, die Repression und die grotesken Züge der Ceausescu-Gesellschaft, die maßlose Korruption und Willkür, haben die Option der Rumäniendeutschen, in immer größerer Anzahl auszuwandern, entscheidend bestimmt. 1978 kam es zu einer Abmachung zwischen Ceausescu und dem damaligen Bundeskanzler Helmut Schmidt über eine jährliche Quotenregelung und das Bezahlen von Kopfgeldern. Seither reisten zwischen 12 000 und 15 000 Rumäniendeutsche pro Jahr in die Bundesrepublik aus, die Bundesregierung zahlte 8 000 DM pro Person. Diese Auswanderungsaktion, die bis zum Ende der Ceausescu-Herrschaft betrieben wurde, zog einen riesigen korrupten Behördenapparat in Rumänien an. Die Ausreisenden wurden regelrecht ausgeplündert, sie zahlten Schmiergelder, anfangs in rumänischer Währung, später zunehmend in DM, die die Verwandten aus der Bundesrepublik zur Verfügung stellten; Schmiergelder für die Pässe, aber auch für jede Quittung und Bescheinigung, die man zwecks Ausreise vorlegen mußte. Eine Ausreisebürokratie entstand, die das letzte an Werten erpreßte. Sie schanzte sich Häuser zu, Kühltruhen, Videogeräte, und was die Nomenklatura sonst noch zum Leben dringend benötigte: Kaffee, Whiskey, Westzigaretten, Adidas für die Tochter. Die Beamten der Paßämter besaßen oft Kaufhauskataloge, zeigten den Antragstellern ihre Wünsche. In den letzten Jahren ist kaum jemand aus Rumänien ausgereist, der nicht den Paß bezahlt hatte. Die Summe bewegte sich zuletzt zwischen 12 000 und 20 000 DM pro Person. Bezahlt wurde über Mittelsmänner in Rumänien, aber auch in der Bundesrepublik. Garantie gab es keine. Viele wurden von Hochstaplern um ihr Geld betrogen. Die wirklichen Mittelsmänner waren Mitarbeiter der Securitate. In Temeswar gab es einen Mann namens Caprariu, er wurde von den Leuten als der »Gärtner« oder der »Blumenmann« bezeichnet. Seine Tarnung war eine Gärtnerei in einer Temeswarer Vorstadt. Caprariu ist im Januar 1990 von den neuen Behörden verhaftet worden, im April war er aber schon wieder frei. Es gibt Leute, die behaupten, er kassiere bereits wieder. Aber auch ausgewanderte Rumäniendeutsche waren an dem Geschäft beteiligt. So kam eine vor Jahren ausgereiste Person, Frau Hedwig B., regelmäßig in ihr Heimatdorf im Banat und vermittelte sogenannte »Schnellpässe«. Für 20 000 DM erhielt man in kürzester Zeit einen Besuchspaß nach Österreich, Visapflicht gab es mit Österreich keine, und man konnte damit also abhauen. Die Frau soll als »Vermittlungsgebühr« 2 000 DM pro Paß abgezweigt haben.

Die rumäniendeutschen Dorfgemeinschaften haben das Ceausescu-Regime nicht überlebt. Auswanderung und Systematisierung sind die Hauptursachen dafür. Rumäniens neue Machthaber riefen gleich nach der Revolution die Deutschen zum Bleiben auf. Iliescu forderte sogar die Ausgewanderten zur Rückkehr auf. Die von Ceausescu verbotenen Medien und Institutionen der Minderheiten wurden weitgehend wieder hergestellt. Es gibt wieder regionale Rundfunksendungen und eine Fernsehsendung in deutscher Sprache.

Auch die deutschsprachige Abteilung des Kriterion-Verlags kann weiter arbeiten. Chefredakteurin ist allerdings die alte geblieben: Hedi Hauser, eine Frau mit hohen politischen Ämtern in der Ceausescu-Diktatur, zeitweise der »First Lady« Elena auch privat verbunden und fleißige Beiträgerin zum Personenkult. So schrieb sie 1980 beispielsweise:

Er ist ein kluger und klarsehender Staatsmann, ein revolutionärer Parteiführer, der keine Grundsätze aufgibt, dessen Beitrag zur Entwicklung der marxistischen Weltanschauung durch die Ablehnung des Dogmatismus sich so überaus fruchtbar erwiesen hat. (...) Ich habe stets die Arbeitskraft des Genossen Nicolae Ceausescu bewundert, seine Energie, eine Fähigkeit, eine äußerst überladenes Arbeitsprogramm streng und diszipliniert einzuhalten, seinen festen Willen, keine Gelegenheit zu versäumen, um neue Dinge zu erfahren, um etwas hinzuzulernen, neue Erfahrungen zu gewinnen. (*Karpaten-Rundschau*/Kronstadt, 30. 3. 1980)

Auch der unsägliche Hofdichter Hans Liebhardt, ein Meister der Glückwunschpoesie für das Herrscherpaar, durfte in der Bukarester Zeitung *Neuer Weg* weiter schreiben. Im Frühjahr veröffentlichte er bereits wieder Artikelchen u. a. über die Wahlkundgebungen der Front.

Im Januar 1990 wurde ein *Demokratisches Forum der Rumäniendeutschen* gegründet. In ihm sind Intellektuelle aber auch Mitarbeiter des alten Regimes aktiv. Das Forum ist parlamentarisch vertreten. Bei den Mai-Wahlen erhielt es allerdings nur 36 000 Stimmen. Bei einer Gesamtzahl der deutschen Minderheit von etwa 200 000, mit deutlicher Überalterung, ein bedenkliches Ergebnis.

Das Demokratische Forum der Rumäniendeutschen hat sich in den ersten Monaten nach dem Sturz Ceausescus zurückhaltender als die Interessenvertretung der ungarischen Minderheit geäußert. Das hat der deutschen Minderheit nichts genützt. In einer Erklärung, die das Forum im Juli 1990 verbreitete, äußerte es seine Enttäuschung über die Untätigkeit der Regierung in der Minderheitenfrage und auch allgemein. Kein einziges Minderheitenrecht sei gesetzlich verankert worden, das versprochene Minderheitenministerium sei nicht gebildet worden, der Status der Minderheitenschulen ungeklärt, der Verbleib der Kopfgelder für die Auswanderung wurde nicht untersucht, die in die Sowjetunion Deportierten seien nicht, wie gefordert, als politische Häftlinge anerkannt worden. Die Antwort war prompt. Iliescu empfing die Vertreter des Forums und meinte, die Erklärung sei ungarisch inspiriert. Immerhin beschloß das Bukarester Parlament Ende 1990, den ehemaligen Sowjetunion-Deportierten, die heute noch in Rumänien leben, es sind etwa fünftausend, eine Zusatzrente als Entschädigung zu zahlen.

Auch der überwältigende Wahlsieg der Front, ihr mangelnder Reformwille und die daraus resultierende weitere Verschlechterung der wirtschaftlichen und Versorgungslage haben zur Ausreiseentscheidung vieler Rumäniendeutscher beigetragen. So wird es in absehbarer Zeit nur noch eine unbedeutende Gruppe Deutscher in Rumänien geben. Der sichtbare Verlust für das Land ist ein ökonomischer und ein innenpolitischer. In der deutschen Minderheit gab es viele Ingenieure und Handwerker, sie hätten zum Wiederaufbau der Wirtschaft beitragen können, über die deutsche Minderheit wäre zusätzliches Kapital aus der Bundesrepublik ins Land geflossen. Innenpolitisch haben die Rumäniendeutschen, besonders in Siebenbürgen, über lange

Zeit einen ausgleichenden Faktor zwischen Ungarn und Rumänen dargestellt. Durch die Abwesenheit der Deutschen wird sich der nationale Konflikt verschärfen.

Der rumänische Antisemitismus – oder warum der Judenhaß auch das Ende der Diktatur überlebt

Seit 1930 hat sich der Prozentsatz der Minderheiten in Rumänien, selbst wenn man die jeweiligen offiziellen Zahlen in Betracht zieht, von etwa 30% auf 10% verringert. Das ist das Ergebnis des Weltkriegs aber auch der Minderheitenpolitik der letzten sechzig Jahre in Rumänien. Ein aussagekräftiges Beispiel dafür ist die jüdische Minderheit. 1938 lebten 800 000 Juden in Rumänien, sie spielten eine zentrale Rolle in der Wirtschaft und in der Kultur des Landes. Heute gibt es noch etwa 30 000 Juden in Rumänien, meist alte Leute. In der rumänischen Gesellschaft spielen sie kaum eine Rolle.

In Rumänien gab es wie in den meisten osteuropäischen Ländern seit dem 19. Jahrhundert einen stark ausgeprägten Antisemitismus, der sowohl in der Bevölkerung als auch unter den Intellektuellen manifest war. Handfesten Antisemitismus findet man in den publizistischen Schriften des hochverehrten Nationaldichters *Mihai Eminescu*. Der Antisemitismus beherrschte nicht nur wichtige geistige Strömungen der Zeit, er wurde bald auch politisch wirksam. Antisemitische Parteien spielten vor allem seit den zwanziger Jahren eine größere Rolle, so A. C. Cuzas »National-Christliche Partei« und die »Legion des Erzengel Michael«, später auch »Eiserne Garde«, die rumänischen Faschisten. Der Antisemitismus hatte religiöse Wurzeln im christlichen Antijudaismus, er hing aber auch wesentlich mit ökonomischem Neid und übersteigertem nationalem Identitätsbedürfnis der Rumänen zusammen.

Die ersten antisemitischen Gesetze wurden in Rumänien bereits 1938 von der Goga-Cuza Regierung verabschiedet, an den Hochschulen wurde ein sogenannter »numerus clausus valachicus« eingeführt, der den »Bluts«-Rumänen die Mehrheit der Studienplätze sichern sollte. Ein ganzer Katalog antisemitischer Gesetze folgte während der faschistischen und militärischen Diktaturen der folgenden Jahre, vor allem durch die rumänischen Faschisten und unter der Herrschaft des Marschalls Antonescu. Sie verfolgten, ähnlich wie in anderen faschistischen Staaten der Zeit und nach deutschem Vorbild, die Entfernung der Juden aus der Wirtschaft und dem öffentlichen Leben. In der Wirtschaft wurde das als *Rumänisierung der Betriebe* bezeichnet. 1941 kam es zu grausamen Pogromen in Bukarest und Jassy. Während des Machtkampfes zwischen den Faschisten der »Eisernen Garde« und dem Diktator Antonescu verstümmelten die Faschisten Bukarester Juden und hängten sie im Schlachthaus an Fleischerhaken auf. In Jassy wurden beim Beginn des Kriegs gegen die Sowjetunion, an dem sich die rumänische Armee auf deutscher Seite beteiligte, nach Schätzungen 4000 Juden auf den Straßen und im Hof des Polizeigebäudes erschossen. Während des Krieges wurden Deportationen, vor allem aus der Bukowina und Bessarabien, seltener aus dem Kernland, nach Transnistrien in der Ukraine durchgeführt. Hier wurden Lager eingerichtet, in denen man die Menschen verhungern und an Krankheiten und Seuchen sterben ließ. Viele Juden wurden im Raum Odessa von den rumänischen Besatzern erschossen.

Trotz allem ist in der Judenverfolgung der Kriegszeit kaum ein System zu erkennen. Besonders im Kernland korrigierte die Korruption in vielen Fällen die repressiven Gesetze. Es gab keine Vernichtungstechnik wie die deutsche, man tendierte zu Pogromen und Gewaltausbrüchen, die zeitweise unkontrolliert verliefen, dann geschah eine Weile nichts. Gegen Kriegsende verhielt man sich auch in der »Judenfrage« zunehmend opportunistisch, eine Deportation in die deutschen Vernichtungslager lehnten die rumänischen Machthaber ab; Antonescu holte sogar einen Teil der Überlebenden aus den Lagern in der Ukraine zurück, sein Außenminister ließ Juden gegen Bezahlung ausreisen und ließ sich von den Betroffenen seine gnädige Haltung schriftlich bescheinigen. Die Schriftstücke verwahrte er in seinem Safe. Für schlechte Zeiten, die bald kamen.

Der rumänische Antisemitismus ist bis heute nur marginal aufgearbeitet, er wird zum Teil geleugnet, und die nationalistische

Propaganda unter Ceausescu stilisierte in seltener Geschichtsklitterung die Weigerung, die Juden den Deutschen auszuliefern, zu einer nationalen Heldentat. Dies mit Blick auf Ungarn, wo, aus dem damals ungarisch verwalteten Nordsiebenbürgen, allerdings nach der Besetzung durch die Deutschen, Eichmann die Juden nach Auschwitz deportierte. Die Frage des Antisemitismus wurde, wie die des Antifaschismus, von den Stalinisten instrumentalisiert, propagandistisch ruiniert. So ist der Antifaschismus tot und der Antisemitismus lebt.

Antisemitische Ideen sind auch heute in Rumänien weit verbreitet. Ihre Ursachen sind unterschiedlich, die Positionen aus denen sie geäußert werden, sehr verschieden. Wie überall in Osteuropa haben die Juden eine wichtige Rolle in Partei und Staat der fünfziger Jahre gespielt. Es besteht die Tendenz, ihnen die Verbrechen des Stalinismus anzulasten, aus nationalistischer Sicht sogar den Internationalismus insgesamt. Die Rumänen möchten nicht die Träger des Stalinismus gewesen sein. Der Kommunismus sei dem rumänischen Wesen fremd, heißt es immer wieder. Man ist nicht bereit, die Verantwortung für das Desaster zu tragen. Selbst von Ceausescu hieß es in einem unsäglichen Zeitungsartikel, er sei gar kein echter Rumäne gewesen, sondern tatarisch-zigeunerischer Herkunft.

Andererseits gab es auch eine bedeutsame Unterstützung für Ceausescu seitens des Staates Israel und internationaler jüdischer Organisationen. Der Conducator hatte schließlich 1967, also unmittelbar nach dem Sechs-Tage-Krieg, als einziger Staatschef in Osteuropa die diplomatischen Beziehungen zu Israel nicht abgebrochen. Ceausescu versuchte sich auch mehrfach als Vermittler im Nahen Osten. Der Conducator ließ die jüdische Auswanderung aus Rumänien, die schon in den fünfziger Jahren eingesetzt hatte, zu – gegen viel Geld, versteht sich und gegen die Hilfe US-amerikanischer Zionisten beim Erlangen der Meistbegünstigungsklausel im Handel mit den Vereinigten Staaten. Das sozialistische Rumänien erhielt diese Klausel 1975 und behielt sie bis 1988. Der Bukarester Oberrabiner Moses Rosen wirkte bei seinen jährlichen Reisen in die USA, wenn es um die Verlängerung der Klausel ging, wie ein Nebenaußenminister des Diktators. Rosen, der weiterhin Oberrabiner in Bukarest ist, hat in einem Interview in der Bukarester Tageszeitung *Neuer Weg* seine Haltung in der Ceausescu-Zeit mit dem jiddischen Sprichwort »Den Ganef vor die Tir stelln« beschrieben: Den Dieb als Wächter vor die Tür stellen.

Juden gibt es nur noch wenige in Rumänien. Von einer jüdischen Minderheit kann man nur noch bedingt sprechen. Der Antisemitismus aber ist noch lange nicht in Gefahr.

Im August konnte man an einer Werkmauer in Kronstadt lesen: De ce ne conduc jidanii? (Warum führen uns die Juden?)

Warum betteln rumänische Roma in der Berliner U-Bahn?

Im Frühjahr 1990 wurde zuerst Ostberlin, dann auch der Westteil der Stadt mit dem anhaltenden Zustrom rumänischer Zigeuner konfrontiert. Die Menschen kampierten anfangs in der Halle des Bahnhofs Lichtenberg. Der Bahnhof Lichtenberg ist Endstation der Züge, die aus dem bulgarischen Sofia durch ganz Osteuropa fahren. Diese Züge beherbergen die seit der Öffnung der Grenzen schwarzhandelnd herumirrenden Menschen. Das Reisen, das bisher ein Traum war, ist nun harte Wirklichkeit.

Die rumänischen Zigeuner wurden in Lagern untergebracht, viele kamen vor allem nach der deutsch-deutschen Währungsunion, nach Westberlin, stellten hier Asylanträge, ohne allerdings genau zu wissen, was ein Asylverfahren bedeutet. Frauen in bunten Röcken handelten am Alexanderplatz, Kinder saßen an der Gedächtniskirche. Sie hatten kleine Täfelchen in der Hand, darauf hatte jemand für sie in dürftigem Deutsch geschrieben: »Wir aus Rumänien. Wir Hunger.« Und ab und zu auch den Zusatz: »Vater bei Revolution getötet.«

In den folgenden Monaten wurden zahllose Diebstähle, in Läden und um den Bahnhof Zoo, mit den Zigeunern in Verbindung gebracht. Die Behörden zeigten sich hilflos, das sind auch ihre rumänischen Kollegen.

In Rumänien lebt die größte Roma-Bevölkerungsgruppe in ganz Osteuropa. Genaue Zahlen gibt es nicht, obwohl bei

Volkszählungen in der Regel auch die nationale Zugehörigkeit erfragt wird. Nun aber definieren sich die Roma anders als die übrigen ethnischen Minderheiten in Rumänien, sie sind diesen als Bevölkerungsgruppe auch kaum vergleichbar. Ihre Identität hat andere Maßstäbe. Zigeuner gilt bis heute als Schimpfwort, ein Zigeuner ist nach Ansicht von großen Teilen der Bevölkerung ein minderwertiger. Der Rassismus ist in Rumänien weit verbreitet, er eint alle anderen nationalen Gruppen, selbst Ungarn und Rumänen, in ihren Vorurteilen.

Die Roma in Rumänien sind keine geschlossene Bevölkerungsgruppe. Sie setzen sich aus einzelnen, sehr unterschiedlichen Zweigen zusammen. Es gibt rumänischsprachige, das ist die große Mehrheit, aber auch ungarischsprachige, vor allem in den ungarischen Siedlungsgebieten Siebenbürgens, viele sprechen auch die Roma-Dialekte, andere sprechen sie nicht. Vor dem zweiten Weltkrieg gab es in den Siedlungsgebieten der Banater Schwaben und Siebenbürger Sachsen auch deutschsprachige Zigeuner. Ihre Zahl nahm seit Kriegsende rapide ab. Das Deutsche spielte sozial eine zu geringe Rolle. Es gibt nomadisierende und seßhafte Roma. Bei Volkszählungen erklärten sie sich in großer Zahl, vor allem die seßhaften, als Rumänen oder Ungarn. Aktuelle Schätzungen nehmen zwei bis drei Millionen Roma innerhalb Rumäniens an. Kann sein, daß es weniger sind, aber vielleicht auch mehr.

Die Roma blicken in Rumänien auf eine Geschichte der Verfolgung und Unterdrückung zurück. Das mag auch ein Grund dafür sein, sich in der Öffentlichkeit nur zögernd darzustellen. Besonders sozial aufgestiegene Roma zeigten in der Nachkriegszeit eine große Bereitschaft zur Integration in die rumänische Bevölkerung. Das führte dazu, daß die Roma kaum eine eigene Intellektuellenschicht hervorbrachten und so auch keine Wortführer hatten.

Die Roma waren in den rumänischen Fürstentümern Moldau und Walachei seit dem Ende des 14. Jahrhunderts Leibeigene. Sie wurden wie Sklaven gehalten und mit den Gütern verkauft. Diese Rechtlosigkeit dauerte bis weit ins 19. Jahrhundert. Erst 1856 wurde die Leibeigenschaft endgültig aufgehoben, 200 000 Roma wurden befreit. Rassischer Verfolgung waren die Roma während des zweiten Weltkriegs ausgesetzt. Der rumänische Faschismus kämpfte auch für die Reinheit der Nation. Die Antonescu-Diktatur führte Deportationen von Roma nach Transnistrien durch. So sollen allein aus Bukarest und Umgebung 25 000 Roma deportiert worden sein. 36 000 Roma sollen, laut dem Bericht der rumänischen Kommission zur Untersuchung von Kriegsverbrechen, bei diesen Deportationen zu Tode gekommen sein. Die Verfolgung der Roma in der Antonescu-Zeit läßt ähnlich der Judenverfolgung in Rumänien wenig System erkennen. Haßausbrüche und Pogrome, Leidenschaft und Brutalität, traten plötzlich auf, verschwanden wieder. Es gab so gut wie keinen ideologischen Fahrplan der Verfolgung. Das machte diese aber nicht weniger barbarisch.

Der Stalinismus der frühen fünfziger Jahre versuchte eine Anerkennung der Roma. Diese geriet stalinistisch administrativ und hatte vor allem folkloristische Folgen: Roma-Chöre traten bei Staatsakten auf. Die Ambivalenz der Haltung den Roma gegenüber war wieder da: Bewunderung für Zigeunerromantik und Musiktalent der Roma, Verachtung ihres tatsächlichen Daseins. Der Stalinismus versuchte die Roma seßhaft zu machen. Die Maßnahmen, die man anwandte, unterschieden sich kaum von denen einer Deportation. Hinzu kommt, daß die Zwangsindustrialisierung des Landes vielen der Roma die Lebensgrundlagen entzog. Kesselschmiede und Pferdehändler hatten plötzlich nichts mehr zu tun. Die rumänischen Stalinisten verboten das private Kleingewerbe, sie annullierten die Handels- und Handwerkszulassungen der Roma. Dies beschleunigte die Verelendung dieser Bevölkerungsgruppe, die bis heute anhält.

Zur weiteren Diskriminierung der Roma trug der unter Ceausescu wachsende Nationalismus bei. Dieser definierte die Rumänen als ein edles lateinisches Volk, wiederum kein Ort für Roma. Ärgerlich empfinden viele Rumänen bereits den Namen Roma, der zu nahe an ihrem eigenen ist, auf rumänisch: Romi, die Rumänen nennen sich Romani. Ideologische Abgrenzung schien nötig. Zumal der extreme ungarische Kneipenchauvinismus die Rumänen als Zigeuner bezeichnet, die in dem angestammten ungarischen Siebenbürgen irgendwann im Mittelalter herumziehend eingedrungen seien. Die nicht eindeutig dokumentierte ethnische Herkunft der Rumänen läßt in diesem Zusammenhang eine Haß-Projektion auf die Roma entstehen.

Der verelendete Teil der Roma wurde unter Ceausescu weitgehend sich selbst überlassen. Elend und Analphabetentum haben die Kriminalisierung dieser Menschen begünstigt. Ceausescus Ziel war es, sie in dem Schmelztiegel der neuen sozialistischen Nation aufgehen zu lassen, in der Öffentlichkeit war von den Roma nicht die Rede, selbst ihre folkloristischen Auftritte wurden stillschweigend eingestellt. Ceausescus Methode war es, Probleme verschwinden zu lassen, indem er sie aus der Öffentlichkeit verbannte. Von den Roma war ebensowenig die Rede wie von den Behinderten oder den Schwulen und den Pfingstlern. Ceausescus Rumänien war ein Land der gesunden Mehrheit. Deshalb konnten sich auch so viele mit dem Zustand punktuell identifizieren. Diese punktuellen Identifikationen nutzte das Regime geschickt aus.

In der Ceausescu-Zeit ließen sich viele verelendete Roma in den städtischen Agglomerationen nieder. Ganze Stadtteile, vor allem die Vorstädte, wurden von ihnen besetzt. Diese erhielten zunehmend den Charakter von Slums, allerdings muß gesagt werden, daß die Vorstädte des Südens, allen voran die von Bukarest, auch in früheren Zeiten keinen guten Ruf hatten. Sie wurden mit dem dem Türkischen entliehenen Wort »mahala« benannt, im erweiterten Sinn bedeutet Mahala auch vulgär, grobschlächtig.

Den Roma wird heute vorgehalten, sie hätten unter Ceausescu den Schwarzhandel beherrscht, und sie würden nicht arbeiten und sich ausschließlich mit Hehlerei und Diebstahl beschäftigen. Mit Schwarzhandel haben sich im Ceausescu-Rumänien in der einen oder anderen Form fast alle beschäftigt. Es war in der zum Stillstand gekommenen Ökonomie des Landes die notwendige Überlebensform. Hätte es nicht Schwarzmarkt und Korruption gegeben, wäre die rumänische Gesellschaft längst kollabiert. Schwarzmarkt und Korruption haben gewiß das Leben der Menschen möglich gemacht, sie verlängerten aber auch das Leben des Systems.

Nun haben sich tatsächlich sehr viele Roma am Schwarzhandel beteiligt, sie tun es auch heute. Auch die Post-Ceausescu-Gesellschaft ist eine Gesellschaft des extremen Mangels. Unter Ceausescu hatte das kriminelle Milieu der Vorstadt-

Roma enge Verbindungen zu Miliz und Securitate. Vor allem im Goldschmuggel war es so, daß der Gewinn weitgehend mit Miliz und Securitate geteilt wurde. Der Goldhandel war im Nachkriegsrumänien verboten, den Roma waren die Goldmünzen, die bei ihnen eine rituelle Rolle spielen, von den Behörden konfisziert worden. Gerade in ihren Beziehungen zu den Roma, deren Gold- und Luxusgüterhandel sie gleichzeitig ausbeutete und kriminalisierte, zeigt sich auch die kriminelle Dimension von Ceausescus Miliz und Securitate.

Die Ceausescu-Diktatur hat in Rumänien unbeschreibliches Elend hinterlassen. Es ist der Nährboden der Kriminalität, die in dem bestehenden Chaos unweigerlich weiter wächst. In solche kriminellen Handel und Händel sind oft Roma verwickelt und sie werden in den Medien als solche benannt: Kriminell ist gleich Zigeuner. Diese populäre Gleichung beherrscht zunehmend die öffentliche Meinung. Auch diese Hetze ist durch die Abschaffung der Zensur möglich geworden. Das Pogrom der Bergarbeiter in Bukarest im vergangenen Sommer richtete sich neben den Intellektuellen auch gegen die Roma. Und beides war gleichermaßen populär.

Nach dem Sturz Ceausescus haben sich auch die Roma politisch organisiert und geben nun eigene Zeitungen heraus. So unterschiedlich die Struktur der verschiedenen Roma-Völker und Clans ist, so diffus ist auch ihre politische Organisation. Fünf verschiedene Vereinigungen und Parteien gibt es mittlerweile. In ihrer Führung zeichnet sich auch ein Konflikt zwischen den Intellektuellen und den Stammeschefs ab. Die Clan-Chefs sind meist Leute, die vielerorts das kriminelle Milieu auch unter Ceausescu organisierten und dubiose Verbindungen zu Miliz und Securitate unterhielten. Hinzu kommt, daß es innerhalb von Miliz und Securitate nicht wenige Roma gab. Der Eintritt in diese Organisationen, in denen sie auch als Gefängniswächter und brutale Schläger zum Einsatz kamen, war für viele von ihnen eine der wenigen Möglichkeiten des sozialen Aufstiegs.

Das Milieu organisierter Kriminalität und ihr äußerst niedriger Bildungsstand bilden heute die größten Hindernisse für die Emanzipation der Roma. Viele von ihnen stecken so tief im Elend, daß es für sie keinen Ausweg mehr gibt, zumal das

Entgegenkommen der rumänischen Öffentlichkeit minimal ist. Da nützt auch nichts, daß Roma nachweislich an der Dezember-Revolution beteiligt waren. Der Ruf der Dezember-Revolution selber wird ja zunehmend schlechter.

Die meisten der Roma, die seit dem Sturz des Diktators aus Rumänien flüchten, fliehen aus dem Elend. Sie suchen durch Flucht ihre Lebenssituation zu verbessern, allerdings zieht mit ihnen auch oft die Kriminalität mit.

Das Problem der Roma in Rumänien erscheint im Augenblick als ein unlösbares. Die Roma sind der sichtbarste Teil des sozialen Elends in Rumänien und in den Balkanländern und ostmitteleuropäischen Ländern allgemein. Ähnlich gelagert sind die Konfliktstoffe auch in Jugoslawien, Ungarn und in der Slowakei. Die Roma-Situation bleibt eine schwierige Herausforderung für die zivile Gesellschaft dieser Länder.

9
*Die rumänische
Ideologie*

Die ersten Tage nach dem Sturz des Ceausescu-Clans erzeugten eine euphorische Stimmung in der Bevölkerung. Man erlebte die Befreiung mit viel Gefühl. Es waren Tage der großen Worte und der allgemeinen Verbrüderung. Etwas, das es unter Ceausescu nie gegeben hat, Solidarität unter den Menschen, schien sich anzubahnen. Diese Stimmung hielt, so lange noch Schüsse fielen.

Schon Mitte Januar zeigte sich mit den chaotischen Demonstrationen in Bukarest der Riß, der durch das Land ging. Mit dem Sturz des Clans waren fast alle einverstanden, mit der politischen Lösung der Stunde durch die Front zur Nationalen Rettung nicht. Die damit nicht einverstanden waren, stellten aber von Anfang an eine Minderheit dar. Dieser Minderheit ging es um weitreichende politische Veränderungen, der Mehrheit der Bevölkerung genügte eine rasche Verbesserung ihres Lebensstandards.

Die ratlose, politisch noch ungefestigte Front gab dem Druck der Straße nach, ließ gegen die eigene Überzeugung politische Parteien zu. Das aber interessierte die Mehrheit der Bevölkerung zu jenem Zeitpunkt nicht. Ihr ging es um eine bessere Versorgung mit Lebensmitteln, um eine funktionierende Heizung, um elektrischen Strom in den Wohnungen, um ein unterhaltsames Fernsehprogramm. Das Ceausescu-Regime hatte ein so maßloses Elend erzeugt, daß schon ein paar Waren in den Läden und Warmwasser aus der Leitung die Menschen überzeugen konnten.

Die Front hatte es leicht bei der Machtübernahme. Sie hatte es mit einer völlig verelendeten, unwissenden Bevölkerung zu tun, deren Vorstellungskraft für eine Systemveränderung überhaupt nicht ausreichte. Diese Bevölkerung hatte sich längst mit dem realen Sozialismus arrangiert; durch Beziehungen, Korruption und Schwarzmarkt hielt man sich über Wasser. Die

Normalisierung, die von weiten Teilen der Bevölkerung erwartet wurde, war eine innerhalb der bestehenden Verhältnisse. Evolutionäre Prozesse wie in Ungarn oder Polen waren von Ceausescu seit den frühen siebziger Jahren blockiert worden. Durch die blutige Revolution im Dezember hätte eine erdrutschartige Entwicklung ausgelöst werden können, sie trat nicht ein. Die unter Schockwirkung stehende Bevölkerung hätte eine solche Entwicklung in den ersten Tagen hingenommen. Aber Iliescus Front wußte sie zu bremsen und die antikommunistischen Gruppen hatten weder eine Organisationsstruktur noch ein Programm. Die antikommunistische Opposition war am 22. Dezember 1989 tatsächlich nicht in der Lage, die Macht zu übernehmen. Sie konnte die Front bloß unter Druck setzen, was sie seit dem Januar 1990 auch tat.

Ein Volk von Tätern

Bald nach der Hinrichtung des Diktatorspaars und der sichtbaren Installierung der Front kippte der euphorische Konsens in blanken Haß um. Alle, die nicht mit Iliescus Front gingen, waren plötzlich das Ziel öffentlicher Verleumdungen. Dissidenten, wie Doina Cornea und selbst Laszlo Tökes, Führer der Oppositionsparteien wie Coposu und Cimpeanu, wurden mit regelrechten Schmutzkampagnen überzogen. Diese erreichten ihren Höhepunkt im Wahlkampf. Das Niveau der Auseinandersetzung ist einfach unfaßbar. Das Repertoire reichte von Ehebruch bis Kindsmord, das Land war innerhalb kürzester Zeit vollgestopft mit Gerüchten; das Phantastische war, daß die Bevölkerung dies alles wirklich glaubte. Die Menschen glaubten, die mittellose Hochschullehrerin Doina Cornea wolle die Fabriken kaufen, um die Arbeiter zu entlassen und daß die demonstrierenden jungen Leute mit Dollars bezahlt wurden und unter Drogeneinfluß standen. Lieblingswort in der Öffentlichkeit war das Schlagwort vom Ausverkauf des Landes. Dieses Schlagwort bedeutete die Rückkehr des Nationalismus in die politische Auseinandersetzung.

Woher diese Primitivität? Ein Teil der Erklärung dafür

liegt bestimmt in der materiellen wie moralischen Verelendung der Bevölkerung in der Ceausescu-Ära. Die aufs tägliche Überleben reduzierten Menschen haben viele Aggressionen angestaut. Sie hatten ums Essen gekämpft, nicht für Gedankenfreiheit. Es war ihr täglicher Überlebenskampf gewesen, und es war ein Kampf aller gegen alle. Man mußte sich in der Schlange vordrängen, man mußte sich vor Spitzeln hüten. Es brauchte Tricks und Kompromisse, um überleben zu können. Schlimme Kompromisse, Denunziationen, kleine unscheinbare Verbrechen. Am Rande des Existenzminimums zu leben, ständig in der Angst ins Nichts gestoßen zu werden, macht unmoralisch. Der Denunzierte wird selber zum Denunzianten. Die Menschen trieben im Kreislauf des Elends, versanken im Teufelskreis der Diktatur: sie wurden Täter gegen sich selbst.

Die Überlebenden sahen sich von Anfang an als Opfer. Ihr Haß war diffus. Sein Ziel hätten sie selber sein müssen. Sie richteten ihn nun gegen die, die sich vor der Selbstverleugnung auf irgendeine Art bewahrt hatten. Ein Dissident konnte nicht lobenswert sein, er erinnerte die Menschen bloß daran, daß man den Widerstand, den sie selber nicht geleistet hatten, durchaus leisten konnte. Die Menschen lebten beim Heraustreten aus der Diktatur mit Ausreden. Ihre Selbstaufgabe konnten sie nur als objektive Notwendigkeit ansehen. Dieses Versteckspiel funktionierte aber nur, wenn alle mitmachten. Die Dissidenten erschienen so als Spielverderber, plötzlich waren sie Agenten und Profiteure, nicht anders die heimkehrenden Exilanten. Ihnen wurde vorgeworfen, sie hätten sich dem Elend entzogen. Wo seid ihr gewesen, hieß es, als wir im Mantel an der Drehbank standen und mit Sojabohnen versetzte Salami aßen? Ihr habt im Warmen, in Paris, gesessen. Dies, als wäre das Ausharren im Elend eine Widerstandshandlung.

Der allgemeine Haß entlud sich bald gegen jede kritische Haltung, gegen die kritische Intelligenz. Der Vorgang läßt vermuten, daß es im Hintergrund eine Steuerung gab, es waren zu deutlich die alten Diversionsmethoden der Securitate. Erkennbar wurde aber auch die Kluft zwischen Intellektuellen und Bevölkerung, die sich in Permanenz durch die rumänische Geschichte zieht.

Haß und Gewalt sind nicht neu in der rumänischen Gesellschaft. 1907, bei den letzten großen Bauernaufständen, es waren Hungeraufstände gewesen, wurde mit Kanonen auf die Menschen geschossen. Die deutschen Kriegsgefangenen wurden während des ersten Weltkriegs in der Moldau in Viehunterkünften, fast ohne Nahrung gehalten. Sehr wenige überlebten. Nur eine kleine Broschüre aus dem Jahre 1920 berichtet darüber: *Der Massenmord in der rumänischen Gefangenenhöhle Sipote*. Die bürgerliche Geheimpolizei der Zwischenkriegszeit Siguranta war durch die Brutalität bekannt, mit der sie politische Gegner verfolgte. Die Führung der »Eisernen Garde« wurde 1938 während eines Gefangenentransports erdrosselt, Aktivisten der verbotenen Kommunistischen Partei wurden bei Verhören zu Tode gefoltert. Während des Pogroms der »Eisernen Garde« im Januar 1941 in Bukarest wurden Juden im Schlachthaus in Bukarest an Fleischerhaken aufgehängt. Die in die Ukraine, nach Transnistrien deportierten Juden und Zigeuner wurden dort in verlassenen Dörfern untergebracht und sich selbst überlassen. So starben sie schlicht an Hunger und Krankheit, wurden nicht mit Waffen getötet. Das Experiment der frühen fünfziger Jahre im Gefängnis Pitesti, wo die Gefangenen sich gegenseitig psychisch und physisch zu zerstören hatten, ist einzigartig im stalinistischen Gulag.

All diesen Vorgängen ist eine unvorstellbare Brutalität gemeinsam, aber auch die Tatsache, daß es kaum Literatur darüber gibt. In der rumänischen Öffentlichkeit sind sie nie ein Thema gewesen, es sei denn eines der Rechtfertigung und der Fälschung. So wird das Thema der jüdischen Deportationen stets propagandistisch mit dem Schicksal der Juden im damals ungarisch verwalteten Nordsiebenbürgen verknüpft. Diese wurden in Auschwitz vernichtet. Erstaunlich bleibt, daß diese Verknüpfung auch von Sprechern der jüdischen Gemeinde in Rumänien immer wieder unterstützt wurde. Die Auswanderungspolitik, die Juden Rumäniens betreffend, hatte offenbar ihren Preis. Vollends unverständlich erscheint aber die Haltung eines Schriftstellers wie Norman Manea, der in den Klappentexten der deutschen Ausgaben seiner Erzählungen mitteilt, in einem deutschen KZ gewesen zu sein; er war aber in einem rumänischen Lager in Transnistrien.

Geschichte und Fälschung

Geschichte und Fälschung lagen in Rumänien immer sehr nahe beieinander. Die meisten Vorgänge fallen durch ihre Undurchsichtigkeit auf. Gerüchte bestimmen das Gesellschaftsbild in weit größerem Maß als Informationen. Neun Monate nach der Revolution waren die Terroristen, die im Dezember auf die Bevölkerung geschossen haben, immer noch unbekannt. Iliescu selber erklärte im September in seiner verharmlosenden Art, er wisse nicht, wer geschossen habe, aber es werde untersucht. Untersucht werden die Vorgänge vom März in der siebenbürgischen Stadt Tirgu-Mures/Marasvasarhely, wo es zu ethnischen Auseinandersetzungen zwischen Rumänen und Ungarn gekommen war, untersucht werden auch die gewalttätigen Demonstrationen vom Juni in Bukarest und das anschließende Pogrom der Bergarbeiter. Es wird untersucht, aber es wird nichts geklärt.

Das Pogrom der Bergarbeiter stellt den bisherigen Höhepunkt der Gewalttätigkeit im postrevolutionären Rumänien dar. Sie kam für viele Beobachter überraschend, war aber nur der vorläufige Endpunkt einer schrittweisen Eskalation, die schon in den Revolutionstagen eingesetzt hatte. Damals schon wurden Leichen öffentlich bespuckt, man regte sich nicht auf, es waren ja die Leichen von Terroristen. Ende Januar wurden zum erstenmal die Büros von Oppositionsparteien demoliert. Am 18. Februar wurde der Regierungssitz von aufgebrachten Demonstranten gestürmt, Akten und Möbel wurden aus den Fenstern geworfen, wie im Dezember, als die Spontan-Revolutionäre die Bücher und Bilder der beiden Ceausescus vom Balkon des ZK-Gebäudes herunterwarfen. Im März in Tírgu-Mures gingen Demonstranten mit Knüppeln und Ketten aufeinander los. Als im Juni in Bukarest der schwerverletzte Studentenführer Marian Munteanu vom Krankenhausbett weg verhaftet wurde und auf einer Tragbahre ins Gefängnis transportiert werden sollte, spuckten ihn Krankenschwestern an. Die Bergarbeiter, die im Juni die Bukarester Universität stürmten und demolierten, pißten und schissen auf Bücher. Woher dieser Haß?

Die Intellektuellen wurden in Rumänien immer schon als Teil des Establishments empfunden. Sie lebten das schwärmerische Leben der Elite und verachteten oft den Hunger der erniedrigten Bevölkerung. Rumänien hatte die schreienden sozialen Differenzen eines Entwicklungslandes. Konsens war allein der Nationalismus, der von den bedeutendsten Intellektuellen des Landes seit dem vorigen Jahrhundert systematisch gepflegt wurde. Große Teile der Bevölkerung liebten diesen Nationalismus, lebten aber mit einer starken sozialen Frustration. Das ausschweifende Leben der Elite erzeugte den Neid, den die Stalinisten schon bei ihrer Machtübernahme nach 1945 für sich produktiv zu machen wußten. Aus dem Neid wuchs der Haß. Die Stalinisten kreierten das Feindbild der Elite als Parasitengruppe. Dazu gehörten auch die Intellektuellen. Die Stalinisten wußten in diesem Entwicklungsland den Topos von der manuellen Arbeit zu manipulieren. Er ist bis heute wirksam. Tod den Intellektuellen, riefen Front-Anhänger schon im Januar und später in den Auseinandersetzungen um die Universitätsplatz-Bewegung: Wir arbeiten, wir denken nicht. Zur gleichen Zeit sank übrigens die Produktion auf die Hälfte des Vorjahrs.

Bewahrung der rumänischen Rasse!

Dabei haben die Intellektuellen des Landes, jedenfalls ein beträchtlicher Teil von ihnen, selber viel zur Verwirrung beigetragen. Die vom Nationalismus eines Entwicklungslandes getragene Denklinie, die bis heute nachwirkt, setzt im rumänischen Altreich der zweiten Hälfte des 19. Jahrhunderts mit dem Nationaldichter *Mihai Eminescu* ein.

Eminescu war ein spätromantischer Dichter mit starkem Pathos und dem feierlichen Nationalismus der kleinen, frustrierten Völker, dazu ein erzkonservativer politischer Denker und Publizist, der die Weichen für eine Debatte über die nationale Besonderheit und deren Wert stellte, die bis heute anhält und für eine ziemliche Verwirrung der Kriterien gesorgt hat. Eminescu war ein romantischer Verehrer der Vergangenheit und ihrer Größe, ein Verächter der als ausländisch, mithin artfremd eingestuften Moderne, ein überzeugter Antisemit. Seine Thesen sind in der rumänischen Kultur bis heute wirksam und in vielem besonders für die Jugend attraktiv, weil die Originaltexte zum Teil unter den Kommunisten verboten waren. Über Eminescu wird in Rumänien nicht diskutiert, er wird verherrlicht. Die erste große Feier, die nach der Dezember-Revolution im Bukarester Fernsehen übertragen wurde, war im Januar 1990 ein Eminescu-Abend, der mit viel nationalem Pathos und Schwärmerei dem Dichter durchaus gerecht wurde.

Im folgenden nun einige Zitate aus den politischen Schriften Eminescus, die als Buch zuletzt 1940 erschienen sind: Es handelt sich um Aufsätze, Artikel und Kommentare, die der Dichter von 1877 bis 1883 in der Bukarester konservativen Zeitung *Timpul* veröffentlichte. Ich zitiere nach der kommentierten Ausgabe, die D. Murarasu 1940 im Verlag »Scrisul romanesc« in Craiova herausbrachte:

Unser Staat hat keine andere Existenz-Begründung als die, daß er rumänischer Staat ist, die Entwicklung des rumänischen Elements ist also und hat unser Hauptziel zu sein. (S. 43)

Das Hauptziel für unsere Geschichte und die Kontinuität der Entwicklung dieses Landes ist, daß das rumänische Element das determinierende bleibt, daß es dieser Staatsform seine Prägung verleiht, daß seine Sprache, seine ehrenhaften und großzügigen Neigungen (...), mit einem Wort sein Genius auch für die Zukunft die Norm der Entwicklung des Landes bleibt und diese Entwicklung für immer durchdringt. Wir wollen den Nationalstaat, nicht den kosmopolitischen Staat, das Donau-Amerika... (S. 384)

Wir behaupten, daß das rumänische Volk sich als rumänisches Volk nur entwickeln wird können, wenn es als Basis seiner Entwicklung seine historischen Traditionen bewahrt, so wie sie sich im Lauf der Zeit herausgebildet haben. (...) Wir behaupten, daß es besser ist, langsam voranzuschreiten, aber unser rumänisches Wesen zu bewahren, als schnell vorwärts zu gehen und uns von ihm durch fremde Gesetze und fremde Bräuche zu trennen. (S. 262)

Unsere private Meinung ist, daß, obwohl die Juden, in der großen Zahl, mit der sie das Land – und besonders die Moldau – überschwemmt haben, eine unmittelbare Gefahr für die ökonomische und nationale Existenz des Landes darstellen, sie trotzdem mehr eine akute als organische Krankheit sind und daß sie durch eine konservative Organisierung gezwungen wären in andere Länder des Orients zu emigrieren. Die Juden drängen sich in den Ländern, wo die Halbzivilisation mit dem Pseudoliberalismus verbunden ist und fliehen vor der wahren Zivilisation und der wahren Freiheit. (S. 246)

In der Kette der organischen Maßnahmen, die zur endgültigen Lösung der sozialen Frage ergriffen werden müssen, hat die Bewahrung der Bevölkerung vor der Ausbeutung durch die jüdischen Kneipenwirte einen beträchtlichen Anteil. Die jüdischen Kneipenwirtschaft im Lande ist zu einem wahren Skandal geworden, der in keinem zivilisierten Land der Welt gelitten werden würde; die Kneipen sind Lokale der Verblödung und der seelischen Prostitution, und die Freiheit, sie sonntags und an Feiertagen offen zu halten, macht die Kirche an großen Tagen menschenleer und die Kneipe voll. (S. 248 f.)

Bei uns erscheinen die Juden wie in allen Ländern als ein parasitäres Element der Vermittlung, dessen Aktivitäten den Produktetausch künstlich verteuert anstatt ihn zu verbilligen, ihn im gleichen Maße verteuert, wie es ihn in seinen Händen monopolisiert. Sie sind als Handelselement in allen Ländern absolut zerstörerisch; so sehen wir auch, daß überall, wo sie sich in größerer Zahl aufhalten, die größte Armut herrscht. (S. 368)

Wir hassen die Juden nicht, aber wir sind auch nicht schuld, daß sie in anderen Ländern verfolgt wurden, daß sie die Gewohnheiten der Spekulation und des Parasitismus angenommen haben, die sie jetzt haben, und wir können dieses elementare Böse, das auf uns fällt, nicht lieben. Rumänien, das mit nichts schuldig ist an der vergangenen Lage der Juden in den westlichen und östlichen Ländern, kann nicht die ökonomischen und sozialen Folgen jener schlechten Behandlung tragen. (S. 370)

... die rumänische Nationalität hat wie jede andere das angeborene Recht, ihr historisches Erbe und ihre Arbeit vor jedem fremden Element zu verteidigen. Die Wahl der Waffen hängt von der Zeit, von den Umständen ab, und wenn von der Bewahrung der rumänischen Rasse in diesem Erdenwinkel und von der Stärkung ihres Charakters und ihrer Seinsweise die Rede ist, dann ist keine Waffe, zum richtigen Zeitpunkt eingesetzt, schlecht. (S. 371)

Diese Schriften wirkten auf die meisten der bedeutenden Intellektuellen des Landes. Nicht nur der Begründer des politischen Rechtsextremismus in Rumänien, *A. C. Cuza,* stand in ihrer Tradition, auch der konservative Historiker und Gelehrte *Nico-*

lae Iorga (1871-1940) war von ihnen beeinflußt, ebenso wie *Vasile Parvan* (1882-1927), der Erforscher und Theoretiker einer rumänischen Vorgeschichte, die eine wichtige Komponente für das nationalistische Selbstbewußtsein liefern sollte und Nae Ionescu, der Philosoph und Metaphysiker, der die nationale Besonderheit, die »rumänische Seele« zur ontologischen Größe erhob.

Legionäre des Geistes

Eines der Denkzentren des rumänischen Nationalismus der Zwischenkriegszeit, in dessen Symbiose mit der Orthodoxie, war die Zeitschrift *Gandirea* (Das Denken) unter ihrem Chefredakteur, dem Schriftsteller Nichifor Crainic. Darin erschienen Aufsätze wie »Die Orthodoxie, die Form des rumänischen Geistes« von D. Staniloae oder »Die rumänische Seele« von Nichifor Crainic. Bei Staniloae heißt es: »Die Orthodoxie ist das Auge, durch das der Rumäne zum Himmel blickt und voll des Lichtes von dort kehrt er es zur Welt zurück, richtet seine Haltungen und seine Schritte danach.« Und: »Der wahre Rumäne ist nicht vulgär, auch nicht, wenn er von der Liebe spricht, und auch nicht, wenn er in Sprüchen und Anekdoten ironisiert. Die Vulgarität im Gesang, in der Poesie, im Tanz ist städtischer Herkunft, also westlich. Die Orthodoxie hat sich auch in dieser Hinsicht als die vollkommenste Pädagogin der rumänischen Seele erwiesen.« Crainic wertet in seinem Aufsatz, er ist 1942 erschienen, Briefe von rumänischen Soldaten von der Ostfront aus.

In der Zeitschrift *Gandirea* wurde sowohl dem diktatorischen König Carol II. gehuldigt wie auch die Machtübernahme durch dessen Gegner von der faschistischen Legion emphatisch begrüßt. In *Gandirea* erschienen Gedichte auf den König, die den späteren Huldigungen an das Ceausescu-Paar durch nichts nachstanden. So schrieb der hochgeschätzte Lyriker *Voiculescu* im Frühjahr 1940:

»Deine Krone unter der Du vielleicht blutest/ Ist das ganze Volk mit seinen Ahnen weinend/ Ein schweres Volk hat es auf

Deine Schläfe verschlagen/ Die alte Erde mit dem Gold und dem Eisen/ Sammelt sich rundum, tröstet Dich mit dem Himmel/ Was Traian (gemeint ist der römische Kaiser) geschaffen hat bewahrst heut Du.« (*Gandirea* Nr. 6, Juni 1940).

Es gibt sogar einen Autor, Ion Potopin, der im Lauf der Jahrzehnte sein handwerkliches Können beiden Potentaten zur Verfügung stellte. Über die Machtübernahme durch die Legion, im September 1940, schreibt *Nichifor Crainic* unter dem Titel »Die Legionärs-Revolution«:

Auf der Seite des Legionärsregimes sind alle Kinder Rumäniens. (...) Bei uns gibt es eine völlig verkehrte Situation: als die Erwachsenen in der Jugend jeden Kern der moralischen Erneuerung vernichten wollten, wurden die Kinder zu Aposteln der Erlösung. In Rumänien werden nicht die Kinder durch die Eltern erlöst werden, sondern die Eltern durch die Kinder. (...) Die Eiserne Garde ist die letzte vom Überlebenswillen unseres Volkes in den Kampf geworfene Reserve. Bei den heutigen europäischen Gegebenheiten ist es die letzte Karte, die der rumänische Staat als eigene politische Persönlichkeit spielt. Wir halten ein, mit einem Schaudern des Schreckens vor dem, was danach kommen könnte. (*Gandirea* Nr. 8, Oktober 1940)

Crainic wurde in der Antonecu-Zeit Staatssekretär für Propaganda. Nach Kriegsende verurteilten ihn die Stalinisten zu langen Haftjahren, die er überlebte. Zusammen mit dem der Legion verbundenen, antikommunistischen Dichter des Ostfeldzugs Radu Gyr – der Ostfeldzug wurde von der Propaganda als »Kreuzzug gegen den Bolschewismus« dargestellt – ließ sich Crainic nach seiner Freilassung in den sechziger Jahren von den Nationalkommunisten Ceausescus für die rumänische Auslandspropaganda einspannen: Man brauchte Helden und nationale Töne zur Infiltration des Exils. Für das Inland blieben Crainic und Gyr verboten.

E. M. Cioran –
für die rumänische Volksdiktatur

Der Philosoph *Nae Ionescu* war tief verbunden mit der Mystik der Orthodoxen Kirche. Er sollte zum Denker der jungen Generation der Zwischenkriegszeit und zu einem der Theoretiker der »Legion des Erzengels Michael« oder »Eisernen Garde« wie sie sich später nannte, werden.

Die Legion war eine antisemitische und antibolschewistische Organisation mit starken Wurzeln in der einheimischen Orthodoxie, mit einem düsteren Todeskult und dem Anspruch der ethischen und religiösen Erneuerung der Nation, womit sie auch einen gewissen antikapitalistischen Impetus hatte. Sie übte mit ihrem charismatischen »Capitan« *Corneliu Zelea-Codreanu* eine große Anziehungskraft auf die Jugend aus, vor allem auf die jungen Intellektuellen jener Zeit, die nach geistiger Größe und Würde inmitten einer in ihren Augen korrupten parlamentarischen Scheindemokratie strebten.

Nae Ionescu hatte als Hochschullehrer eine einzigartige Ausstrahlung und einen übermächtigen Einfluß auf seine Studenten und Jünger, zu denen die wichtigsten Denker der jungen Generation zählten: Mircea Eliade, der sein Assistent wurde, Mircea Vulcanescu, der später in der Antonescu-Regierung arbeitete und in einem stalinistischen Gefängnis der fünfziger Jahre zu Tode kam, Constantin Noica, der seit den siebziger Jahren eine bedeutende Rolle als Philosoph für die junge Generation in Rumänien hatte und auch E. M. Cioran, der 1937 nach Paris ging und nach dem Krieg einer der bekanntesten französischen Essayisten wurde. Sie alle standen der Legion nahe. Cioran hatte, als er anfing französisch zu schreiben, bereits vier Bücher in rumänischer Sprache veröffentlicht. Eines davon trägt den Titel *Schimbarea la fata a Romaniei* (Der Gesichtswandel Rumäniens) und ist 1936 im Verlag »Vremea« in Bukarest erschienen: Es ist ein langer, polemischer Essay des jungen Emil Cioran, der die Ideologien der Zeit untersucht, nach dem Wesen der rumänischen Kultur und dem Sinn der rumänischen Nation fragt, nach ihrem Verhältnis zur Geschichte, nach ihren Chancen und Möglichkeiten. Cioran schreibt:

Alle großen Kulturen werden im siegreichen Kampf mit Raum und Zeit geboren. Der Imperialismus ist als höchster Ausdruck des großen politischen Stils eine Verachtung, ein Affront für den Raum. Dir die Weiten zum Sklaven zu machen, drückt den brennenden und kriminellen Durst aus, den Widerstand der materiellen Welt zu unterdrücken. Die Revolte gegen den Raum ist der geheime Antrieb des Imperialismus. Der letzte Soldat, der einer imperialistischen Idee dient, ist hungriger nach Raum als der passionierteste Geograph. Die Spuren der Schritte der römischen Soldaten müßten geküßt werden. (S. 84)

Aus dem Blickwinkel der Weltgeschichte betrachtet, ist das jüdische Problem unlösbar. Es bleibt der Fluch der Geschichte und ein Fragezeichen, vergrößert durch das Vergehen der Zeit. Es gibt nur *nationale* Lösungen für das jüdische Problem, die, indem sie es an einem Ort lösen, es für den Rest der Welt nicht weniger kompliziert machen. Vor Jahrhunderten hat sich Spanien seiner Juden entledigt; Deutschland liquidiert, für sich, das gesamte Problem. Um wieviel wurde die jüdische Plage in der Welt weniger bedrohlich?

Immer, wenn ein Volk sich seiner selbst bewußt wird, gelangt es auf fatale Weise in Konflikt mit den Juden. Der schwelende Konflikt, den es stets zwischen den Juden und dem betreffenden Volk gibt, aktualisiert sich in einem entscheidenden historischen Augenblick, an einer wesentlichen Wegkreuzung, um die Juden außerhalb der Sphäre der Nation zu stellen. Es gibt historische Augenblicke, die aus den Juden auf fatale Weise *Verräter* machen. Aufgrund der besonderen Struktur ihres Geistes und ihrer politischen Ausrichtung, die sich allen Bewegungen des nationalen Selbstbewußtseins entgegenstellt, unterscheiden sie sich an bestimmten historischen Wegmarken so stark von der betreffenden Nation, daß die reziproke Gegensätzlichkeit zu einer Lösung strebt. Wer hat die Juden wohl dazu verurteilt, sich mit Eifer in die Geschicke anderer Völker einzumischen, sich künstlich im Herzen und Mittelpunkt ihres Lebens einzurichten, um sich in ein Schicksal zu verstricken, das sie nicht interessiert, Völker, für die sie nie gelitten haben und von denen sie nie angeworben wurden. Jener Jude, der mir gestand, daß es ihm völlig egal wäre, wenn Rumänien Siebenbürgen verlieren würde, drückt auf ehrliche Weise einen offensichtlichen aber absichtlich verschleierten Zustand der Juden aus. Bei allen nationalen Niederlagen sind die Juden die einzigen, die ihr Gleichgewicht nicht verlieren. Die Niederlage Deutschlands im Weltkrieg kam die Deutschen so teuer zu stehen, daß die Verzweiflung sie in Laster und Selbstzerstörung stürzte. Zur selben Zeit machten die Juden Vermögen und besetzten die Schlüsselstellungen. (...) Die Juden sind das einzige Volk, das sich nicht an die Landschaft gebunden fühlt. Kein einziger Erdenwinkel hat ihre Seele modelliert; deshalb sind sie die gleichen, unabhängig von dem Land, dem sie sich einverleibt haben. Die kosmische Sensibilität ist ihnen fremd. (...) In allem sind die Juden einzigartig; sie haben kein Paar in der Welt, zusammengedrängt, wie sie sind, unter einem Fluch, für den nur Gott verantwortlich ist. Wenn ich Jude wäre, würde ich mich sofort umbringen.

Die Juden mischen sich in einem solchen Maß in das Leben eines Volkes ein, so daß sie, wenn sie ihm nicht einen Lebensrhythmus schaffen, einen ursprünglichen pervertieren können. Von allen Wesen ist der Jude das am wenigsten *neutrale*. Deshalb ist er im Leben der Völker ein *Katalysator;* er beschleunigt Prozesse. Wenn die Zahl der Juden in einem Land nicht die für jeden Organismus notwendige Dosis Gift überschreitet, können sie als bedauerliche Evidenz oder sogar mit einer gleichgültigen Sympathie akzeptiert werden. (...)

Es ist bekannt, daß die Juden den Antisemitismus als eine Ablenkung in Krisenzeiten, als eine Diversion und Feigheit erklären. Diese Erklärung trifft hundertprozentig auf die Verfolgungen im zaristischen Rußland zu, wo das dümmste Regime, das es in der Geschichte jemals gegeben hat, Pogrome organisierte, um die Aufmerksamkeit einer unzufriedenen Bevölkerung von den wirklichen Ursachen der Misere abzulenken, aber sie gilt für uns keineswegs, wo nach dem Krieg das politische Regime in Rumänien philosemitisch war, wobei darunter nicht die Sympathie für die Juden (die absolut niemand liebt) zu verstehen ist, sondern Toleranz und die Angst vor ihnen. Der Haß auf die Juden bei uns hat tiefere Gründe. Ich bezweifle entschieden, daß er dem Neid oder dem Aufbegehren gegen die Situiertheit einiger der Juden entspringt. Um wieviel sind die rumänischen Kapitalisten besser als die jüdischen Kapitalisten? Dieselbe Bestialität in den einen wie in den anderen. Ich kann mir nicht vorstellen und ich lehne es ab zu glauben, daß wir eine nationale Revolution durchführen könnten, die die jüdischen Kapitalisten vernichten, die rumänischen aber schonen würde. Eine nationale Revolution, die die rumänischen Kapitalisten retten will, erscheint mir verabscheuenswert.

Die Juden widersetzten sich bei uns jedem Versuch der nationalen und politischen Konsolidierung. Hier muß die Quelle des militanten Antisemitismus, nicht des sentimentalen, gesucht werden. Sie haben Rumänien stets kritisiert, aber sie haben jeden Versuch der Konsolidierung, außer dem einer konvenablen Demokratie, als Reaktion, Barbarei usw. angesehen. In Wirklichkeit hat es keine reaktionärere Presse gegeben als die jüdische, für die das Paradies durch die pestilenzialische Atmosphäre der rumänischen Demokratie gegeben war, die, was recht ist, bewundernswert in ihren Absichten aber miserabel in ihren Verwirklichungen ist. Ich kritisiere besonders das Judentum der Nachkriegszeit. Hat es sich nicht jedem Versuch der Erneuerung Rumäniens widersetzt? Aus irgendwelchen Idioten und Degenerierten, denen es gelungen war eine sowieso lasterhafte Demokratie zu kompromittieren, haben die Juden ein Instrument der Domination gemacht und damit unwiderruflich ein ganzes Land herausgefordert. Wir Rumänen können uns nur durch eine andere politische Form retten. Die Juden haben sich mit allen Mitteln, über die ihr untergründiger Imperialismus verfügt, mit Zynismus und ihrer jahrhundertealten Erfahrung gewehrt. Das demokratische Regime Rumäniens hatte keine andere Aufgabe, als die Juden und den jüdisch-rumänischen Imperialismus zu verteidigen. Es muß uns allen für immer und ewig klar sein: Die Juden haben keinerlei Interesse, in einem konsolidierten und bewußten Rumänien zu leben. Wir, als Rumänen, haben ein einziges Interesse: ein starkes Rumänien mit einem Willen zur Macht.

Jeder von uns hatte eine Zeit, in der er sich von den Leiden der Juden erweichen ließ. Seit ich mir aber Rechenschaft gegeben habe, daß wir Rumänen in der Vergangenheit mehr als sie gelitten haben, seither habe ich diese stupide Art des Sentimentalismus aufgegeben. Wenn wir nicht all unsere Kräfte zusammennehmen, werden wir mit Sicherheit, wie ein vergängliches Bild, von der Oberfläche der Geschichte verschwinden. Rumänien hat noch keine Substanz. (S. 130 - S. 133)

Wider die Tyrannei und den Cäsarismus erheben sich die Volksdiktaturen. Sie stützen sich sowohl auf eine historische Notwendigkeit als auch auf das Einverständnis der Massen. Sie werden nicht bloß von der inneren Evolution der Kulturen gefordert, sondern auch von den sozialen Bedingungen, den kollektiven und nationalen Bestrebungen. Lenin, Hitler oder Mussolini haben sich auf einer Konvergenz der dem *Schicksal* der betreffenden Länder zugehörigen Elemente erhoben und nicht durch eine konjunkturelle Situation. Sie richten sich nicht ein, um eine Kultur vor der Fäulnis zu retten, sondern um den Zugang zur politischen Großmacht zu verwirklichen und das historische Niveau der betreffenden Kultur anzuheben.

Was uns hier interessiert, ist die Bedeutung der Volksdiktatur für die kleinen Kulturen. Sie ist das einzige Mittel, durch das diese ihre Trägheit überwinden können. Eine Gemeinsamkeit, die beherrscht werden will, weil sie durch sich selbst nichts erreichen kann. Egal welche Lösung wir für Rumänien suchen würden, es ist unmöglich, das Land anders aus seinem jahrhundertelangen Taumel zu rütteln als durch ein diktatorisches Regime. Und darunter verstehe ich ein Regime, das in Rumänien ein einzigartiges Fieber schafft und dazu tendiert, die letzten Möglichkeiten des Landes zu aktualisieren. Die Demokraite hat zu viele Energien ohne einen nationalen Zweck vergeudet. (...) Die Anstrengung, die diesem Land abverlangt werden muß, kann nur mit jener verglichen werden, die die Bolschewiken Rußland abverlangt haben. Ein Land wird auf Verzicht gebaut, auf unendlichen Verzicht. Wenn wir allesamt für Rumänien mit einer Passion leiden würden, die Glühen und Schmerz bedeuten würde, ich weiß nicht wie weit dieses Land dann aus dem Stand springen würde und wieviele Leichen es hinter sich ließe. Ich kann das Schicksal Rumäniens nur pathetisch sehen. Ah! wäre ich doch ein Heiliger Ilie, um jedesmal Blitz und Donner über dieses Land zu werfen, wenn es nicht ein anderes sein will! (S. 193 f.)

Die Diktatur, die nicht einen imperialistischen Ausgang hat, endet in der Tyrannei, wie die Liebe im Ekel oder Mitleid. Der diktatorische Schwung, am Anfang darauf aus, neue Formen zu schaffen und einem Land eine unbegrenzte Expansion zu geben, verknöchert in einem rigiden, toten Autoritarismus, so wie die Demokratie in eine Parade der leeren Freiheiten verfällt. (...) Jeder Lebensinhalt hat eine Form. Wenn er sich verbraucht, stellt die Form das Substitut des Lebens dar. So entsteht eine Formensumme, eine Summe der toten Schemen, die vom Hereinströmen anderer Lebensinhalte umgestürzt werden müssen. Die Diktatur endet gewöhnlich in der Tyrannei, die Demokratie in der Anarchie. Die Diktatur hat *eine* Form, die Tyrannei hat *nur* Form; die Demokratie hat auch eine Form, die Anarchie hat überhaupt keine mehr. Zu unserem Glück tendiert unser Leben nicht nur zum Ausgleich. Wäre es so, hätten wir uns längst mumifiziert. Der Tod ist jeder Fixierung vorzuziehen. Im sozialen Leben ist die Erstarrung in einer Form schlimmer als Selbstmord. (S. 196 f.)

Es ist sehr schwer, als Rumäne mit den Völkern, die uns umgeben, objektiv zu sein. Fast alle haben uns beherrscht, sei es für eine gesamte Periode oder nur für einen historischen Augenblick. Daher das Unverständnis und die Verachtung diesen Völkern gegenüber. So viele Aspekte der ungarischen *Seele* entfachen in mir eine unendliche Sympathie; aber ich bin nicht fähig zur kleinsten Zuneigung für das ungarische Volk, für seine Geschichte. Es ist ein paar Jahre her, daß ich beim Anblick des Straßensergeanten in Budapest zusammenzuckte, weil dessen Schnurrbart sich tausend Jahre lang über Siebenbürgen ausgebreitet hat, und ich habe mit diesem traurigen Phänomen begriffen, warum wir Rumänen keine Mission in der Welt hatten.

Die Ungarn sind eine Insel in Europa. Obwohl sie ebenfalls an den Grübeleien Europas teilnahmen, waren sie nie ehrlich in ihrer Teilnahme. Die Spenglersche Theorie der *ursprünglichen Seele* der Kulturen findet nirgends einen deutlicheren Beleg als in Ungarn. Unter allen Formen der Kultur haben sie die ursprünglichen Zuckungen bewahrt. Es ist zuviel Blut im ungarischen Geist, als daß Ungarn etwas anderes als Seele sein könnte. Ein Land, das, obwohl es materielle Bedingungen der Kultur wie wenige hatte, nichts Originelles im Denken hervorgebracht und keinerlei Stil in der Kultur ausgeprägt hat.

Im übrigen haben sich die Ungarn nicht in der pannonischen Ebene niedergelassen, um zu denken, sondern um zu singen und zu trinken. Und es ist ihnen gelungen. (...)

Die Ungarn haben überhaupt kein Verständnis für die westlichen Werte. Selbst ihr katholisches Schwärmen ist Turanismus. Das rumänische Volk ist natürlicher in der Geschichte. Wenn wir die Lebensbedingungen der Ungarn gehabt hätten, hätten wir entschieden mehr geschaffen.

Es ist sicher lächerlich und ein Ärgernis, daß die Ungarn jahrhundertelang eine imperialistische Idee propagierten. Ihre Herrschaftsansprüche in Mitteleuropa finden keine andere Erklärung als die Unfähigkeit der unterdrückten Völker. Niemand wird uns die Schande nehmen, tausend Jahre den Ungarn unterworfen gewesen zu sein. (...)

Aber was bleibt dann von den Ungarn? Die Ungarinnen? Gewiß, aber in erster Linie ihre Musik. Zum jüngsten Gericht müssen die Ungarn bloß eine Zigeunertruppe schicken, und sie werden ohne jeden Kommentar ins Paradies aufgenommen. (S. 221 ff.)

Das Kapitel mit den Ausfällen über die Ungarn wurde im Zuge der neuen rumänisch-ungarischen Auseinandersetzungen, um die ungarischen Minderheit in Siebenbürgen, im Sommer 1990 von der Klausenburger Oppositionszeitschrift *Nu* (Nein) abgedruckt. Daraufhin schrieb der Chefredakteur einer Publikation der ungarischen Minderheit an Cioran und fragte ihn, ob er mit der Publikation in *Nu* einverstanden wäre. Ciorans Antwortbrief wurde unter der Überschrift »Herr Cioran verleugnet sein Werk« wiederum in der Zeitschrift *Nu* in Faksimile abgedruckt. Cioran schreibt folgendes:

»Paris, 9. 7. 1990. Sehr geehrter Herr Gyarmath Janos. Von Seiten meiner Landsleute war ich auf alles vorbereitet. Weil ich wußte, daß Sie sich des Gesichtswandels Rumäniens bedienen werden, habe ich der Publikation des Buches zugestimmt, mit Ausnahme zweier Kapitel und insbesondere dessen über Ungarn, daß ich 1934... geschrieben habe. Wo auf dem Balkan die Idee der Autorisierung nicht existiert, veröffentlicht jeder, was er will. Wenn ich Zweifel an mir habe, und ich habe sie oft, tröste ich mich mit dem Gedanken, daß ich beizeiten ins Exil gegangen bin: vor 50 Jahren! Sie haben mir durch das Zusenden des beanstandeten Textes einen großen Dienst erwiesen. Ich werde ihn dem Verleger zeigen, der sich aus vielerlei Gründen in Paris befindet, und ich werde ihn nochmals bitten, auf die Unterdrückung meiner prähistorischen Frechheiten zu achten. Mit besten Wünschen, Ihr Cioran.« (*Nu*, Nr. 20/4. 8.-11. 8. 90)

Mircea Eliade –
für die rumänische Hochkultur

Der im Westen vor allem als Religionshistoriker und Wissenschaftler bekannt gewordene Mircea Eliade war Assistent von Nae Ionescu. Er erzählt in dem posthum erschienenen zweiten (und bis heute nicht ins Deutsche übersetzten) Band seiner Memoiren, wie er 1938 nach dem Verbot der Legion verhaftet und in einem Lager in der Nähe von Miercurea Ciuc zusammen mit Nae Ionescu interniert wurde. Eliade gibt selbst in seinen Memoiren noch eine geradezu idyllische Schilderung der Legion um Codreanu; es sei eher eine ethische und religiöse als eine politische Bewegung gewesen. Die Gewalttaten lastet er dem Nachfolger Codreanus, Horia Sima und dessen Gefolgsleuten an, alles Vorgänge, die nach dem Tod von Codreanu stattfanden, und nach dem Weggang Eliades aus Rumänien. Er hat das Land 1940 verlassen. Eliade spielt sein Engagement für die Legion herunter, er sah sich nicht als politisch Aktiven.

»Zum Unterschied von der Mehrheit der Jugend«, schreibt Eliade in seinen Memoiren, »habe ich nicht geglaubt, daß meine Generation eine politische Aufgabe habe, wie sie die Kriegsgeneration hatte oder, wie ich hoffte, die Generationen, die unserer folgten, haben würden. Unsere Aufgabe war eine ausschließlich kulturelle. Wir hatten eine einzige Frage zu beantworten: Waren wir zu einer Hochkultur fähig oder waren wir dazu verurteilt – wie bis zum Jahr 1916 – eine provinzielle Kultur zu produzieren, in Abständen meteorisch gekreuzt von einsamen Genien wie Eminescu, Hasdeu und Iorga? Das Erscheinen eines Vasile Parvan, eines Lucian Blaga, Ion Barbu, Nae Ionescu und anderer bestätigten mein Vertrauen in die kreativen Fähigkeiten des rumänischen Volkes.« (S. 14)

Eliade verbrachte 1938 vier Monate im Internierungslager, weil er sich weigerte, sich öffentlich von der Legion zu distanzieren. Auch seine Memoiren enthalten kein einziges kritisches Wort über seine Beziehungen zur Legion, für die er immerhin 1937, in deren Zeitung *Buna Vestire,* einen Wahlaufruf unterzeichnet hat.

Todtnauberg in den Karpaten

In der bereits erwähnten Legionärs-Publikation *Buna Vestire* schrieb der Philosoph *Constantin Noica* am 20. 9. 40 unter dem Titel »Jerusalem... Jerusalem...« – es ist die Zeit der Machtübernahme der Legion und des Generals Antonescu – folgendes:

Das ganze Land fühlt das Zeitgeschehen mit. Nur Bukarest, die Stadt der Blasierten, fühlt nichts. Bukarest schläft, tanzt und singt. In dieser Stadt liegt etwas Vegetatives, das sich krankhaft bemüht, so zu bleiben, wie es ist. (...) Es war kein aufrechter Mensch in diesem Lande, den die Gleichgültigkeit der oberen Zehntausend der Bukarester Gesellschaft nicht beleidigt hätte. Es war im Lande keine große Seele, die ihm nicht eine andere Hauptstadt gewünscht hatte. (...) Dasselbe wünschte auch der Capitan. (Gemeint ist der Legionärs-Führer Codreanu, R. W.). In diesem Falle war nicht nur davon die Rede, die konstruktive Kraft der Legionärenseele unter Beweis zu stellen, sondern man dachte auch daran, daß diese Festung der fettgefressenen und innerlich doch öden Seelen einmal zerfallen wird. (...) Über Bukarest der Blasierten schwebt der Geist einer Welt, die nicht gleich ist mit den anderen Teilen Rumäniens; die gar nicht mit Rumänien fühlt. Ein jeder von dieser Welt ist stets informiert, pessimistisch und ruhig. Er gibt dir die katastrophalsten Nachrichten mit einer Sicherheit und Ruhe, die dich paralisiert. Bukarest steht mit seinen Luxusautos, mit seinem Komfort und mit seiner Sicherheit da als eine ewige Bremse. Die Stadt kann nicht glauben und kann auch nicht traurig sein. Sie konserviert sich nur. (...) Oh, wenn wir sie nur aus ihrer Ruhe bringen könnten. Aus ihren Kreisen rekrutierten sich bisher fast sämtliche Minister. Ihre Gesellschaft ist die, die alle Vorteile und alle Trusts in ihrem Besitze hatte. Bei ihren Füßen erlöschten alle Rufe der Nation und heute noch, es ist kaum zu glauben, möchte sie die neue einbrechende Welt bremsen. Wenn ich Bürgermeister der Hauptstadt wäre, so würde ich alles daran setzen, um sie aus der Gleichgültigkeit heraus zu reißen: ich würde ihnen das Wasser und die Elektrizität wegnehmen, gerade dann, wenn ihre Welt – ihre Welt! – ihnen am liebsten ist. Ich würde ihre Nachtlokale verbieten und würde ihnen schwarze Fasten für jeden Freitag vorschreiben. Alles, alles müßte versucht werden, um sie zu wecken, und wenn sie nicht aufwachen, so soll ihre Hauptstadt versetzt werden. (...) Ihr habt verurteilt und getötet den Unschuldigen, der sich euch gar nicht widersetzte!, sagt die Bibel. Auch heute habt ihr euch in den Weg der Unschuldigen gestellt. Wenn ihr sie nicht mehr schlagen könnt, da euch das Zepter fehlt (jenes goldene Zepter von viereinhalb Kilogramm Gold eures Königs), glaubt ihr doch, daß ihr die Bewegung durch euren Widerstand bremsen könnt?

Mit dem König war der geflohene Carol II gemeint, mit der Bewegung die Legion oder Eiserne Garde. Noica blieb in Rumänien. Er wurde von den Stalinisten in den fünfziger Jahren inhaftiert, hatte Zwangsdomizil in Cimpulung-Muscel, in der rumänischen Provinz. Seit den sechziger Jahren war er in der literarischen und denkerischen Öffentlichkeit wieder präsent. Er veröffentlichte zahlreiche Essays, die eine große Wirkung auf den intellektuellen Nachwuchs hatten, um den er sich auch sonst kümmerte. Er hatte in den siebziger Jahren sogar den Plan, die Genies des Landes unter den Heranwachsenden in einer Eliteschule zu versammeln.

Noica war gleichermaßen ein Adept von Heidegger wie ein Verehrer des Nationaldichters Eminescu. Beides schlug sich in seinem Werk nieder. Einige seiner Essays beschäftigten sich mit der »rumänischen Seele«, sie griffen die Formel von der Besonderheit wieder auf und sorgten in den siebziger Jahren für eine gewisse intellektuelle Dimension des neuen Nationalismus, den das Ceausescu-Regime für sich zu verwerten verstand. Noica trat nie als Gegner von Ceausescu auf, er verstand sich als Philosoph, der den gesellschaftlichen, den politischen Alltag zu ignorieren hatte.

Noica lebte symbolhaft außerhalb, in einer Waldhütte auf der Hohen Rinne, bei Hermannstadt in Siebenbürgen. Er scharte über Jahrzehnte junge Leute um sich, die er zum Studium der klassischen Sprachen und Philosophien anhielt. Mit einer Auswahl von ihnen vertiefte er ein weltabgewandtes Philosophieren, das in seiner Hartnäckigkeit dann wiederum die Dimensionen eines kulturellen Widerstands annahm. Zu seinen Schülern gehörten *Gabriel Liiceaunu*, der heute einer der bedeutenden kritischen Intellektuellen des Landes ist und der Kulturminister der Roman-Regierung *Andrei Plesu*. Dieser hat vor zwei Jahren, und auch das mag ein Beispiel für die Weltabgewandtheit sein, ein Buch mit dem Titel »Minima moralia« veröffentlicht, das Adorno unerwähnt läßt.

Die Denker der Noica-Schule strebten zur fiktiven Größe der Vergangenheit, zur reinen Philosophie. Sie haben viel zum »unpolitischen« Denken der jungen Generationen beigetragen. Der Meister aber blieb sich über die Jahrzehnte erstaunlich treu. In seinem letzten Text, 1987 in der Bukarester Zeitschrift

Viata Romaneasca veröffentlicht, schreibt er unter dem Titel »Vorwort zum europäischen Modell. Brief an einen Intellektuellen aus dem Westen« u. a.:

Können wir noch gerettet werden?, fragt ihr euch, schreibt Bücher und einige von euch Träger von Nobelpreisen lamentieren. Wir verstehen euch nicht. Diese Frage, die sich ein Franz Alt stellte, klingt uns wie aus einem kranken Europa, fast hysterisch. Gerettet wovor? (...) Kommt nicht und erschreckt die Welt – gerade ihr, die Aufgeklärten – mit der Drohung, daß irgendein Komet Halley sich anschickt das Leben auf der Erde unumgänglich auszulöschen. Oder wollt ihr unterstellen, die Physiker seien schuld oder die Wissenschaft (die angeblich »faustische«)? Dann lest nochmals »Faust II« und ihr werdet sehen, daß Goethe wußte, besser als ihr, wer hinter den Dingen steht. (...) Aber ihr wißt selbst nicht, wen ihr beschuldigen sollt. Inzwischen macht ihr die Welt schlecht und entwertet diesen unvergleichlichen Glücksfall der europäischen Kultur. Seit zwei Generationen wird eure Jugend, aus der unter Umständen ein paar Genies hätten hervorgehen können, von euch auf die Straße geworfen und hysterisch gemacht. Ihr habt es nicht verstanden, das Gegengewicht der Glorie unserer Kultur ans Licht zu bringen. (...) Ihr laßt die Menschen einen neben dem anderen leben, als wäre der eine ohne den anderen; und unterstützt von einer Technik, durch die wir es eher geschafft haben von überall wegzukommen als irgendwo anzukommen, eine Technik der freundlichen Abschiede und Abflüge, begünstigt ihr eine Gesellschaft, in der das fade Lächeln, die Höflichkeit und der freundliche Gruß durch ein Winken das einzige Maß unserer zivilisierten Gesellschaft abgeben – der Gesellschaft des bye-bye. Ich habe diese Zeilen mit dem Gefühl des übergangenen Bruders geschrieben..., der für sich und die Welt eine Umarmung erbettelt. Wenn ihr nicht glaubt, daß, in europäischem Geist, eine neue Umarmung möglich ist, dann sind entweder eure Bücher ein bye-bye zur Welt und Kultur, oder die Welt von morgen wird sie ins Feuer werfen, so wie Hume, euer Vater im Skeptizismus es für die schlechten Bücher verlangt hat.

Spiel mit Extremen

Keiner dieser prominenten Autoren hat sich jemals ernsthaft mit seiner ideologischen und politischen Vergangenheit auseinandergesetzt. Eliade verniedlicht und idyllisiert den Gegenstand noch in den Memoiren, von Cioran gibt es ein paar unwillige Äußerungen in einem Interview von F. J. Raddatz, 1986 in der *Zeit* erschienen:

FJR: Stimmt es, daß Sie in Ihrer Jugend eine Nähe zum rumänischen Faschismus hatten?
Cioran: Ja. Aber ich habe mich nicht für seine Idee, sondern für seine Exaltiertheit interessiert. Das hat zwischen diesen Leuten und mir eine Verbindung hergestellt. Eine pathologische Geschichte im Grunde. Denn durch meine Bildung und Auffassung war ich ganz anders.
FJR: Ein sehr wichtiger und entscheidender Punkt: Verneinung, Wegschreiben der Realität, Hinneigung zur Irratio, schließlich solche mirakulösen Abstürze. Eine logische Kette?
Cioran: Keineswegs, denn zugleich habe ich, der Sohn eines Pfarrers, an allen Sitzungen des Jüdischen Weltkongresses in Bukarest teilgenommen, als einziger Nicht-Jude. Und ich war fasziniert. Das ist die andere Seite meiner Natur.
FJR: Sind Sie ein Gegner der Aufklärung?
Cioran: Ich habe jahrelang die französische Aufklärung studiert. Mich hat das angezogen, denn für mich war das auch ein Extrem. So muß man formulieren, glaube ich. Alles, was extrem ist, hat mich im Leben fasziniert. Der Marxismus zum Beispiel hat mich angezogen. Warum? Weil er zu systematisch ist, zu ernst, starr und dogmatisch und zu wenig individuell. Es gibt keine Laune, keine theoretische Laune im Marxismus.
FJR: Hat dann auch der Faschismus, genau gesagt: der Nazi-Faschismus, auf Sie eine Faszination ausgeübt?
Cioran: Nein.
FJR: Ein Satz von Ihnen über die Nazis: »Und doch zeugte noch dieser Wahn, so grotesk er sein mochte, zugunsten der Deutschen. Ließ er nicht erkennen, daß sie im Westen die einzigen waren, die noch einige Reste von Frische und Barbarei bewahrt hatten?« »Frische und Barbarei« – zwei positive Begriffe bei Ihnen. Dann heißt es weiter: »Und daß sie noch zu einem großen Plan oder einer kraftvollen Verrücktheit imstande waren.«

Cioran: Es geht mir um die Deutschen, nicht um die Nazis. Ferner ist die Geschichte kein Wertsystem. Wahrscheinlich können Sie als Deutscher das nicht anders sehen, das kann ich wohl verstehen. Aber meine Einstellung war immer eine ästhetische, nicht eine politische – ich habe vorhin von Laune gesprochen. Das ist meine Einstellung, nicht die der Deutschen. Die Deutschen sind Prinzipien-Narren, sie haben kein Talent zum Zweifeln. Deswegen sind sie zugrunde gegangen. Sie haben keinen Sinn für Nuancen, das ist ihre Tragödie. Das klingt ein wenig zynisch, was Sie da zitiert haben, aber ich nehme es nicht so ernst wie Sie alle, ob links oder rechts. Sie sind sehr schlechte Spieler in der Geschichte gewesen. (*Die Zeit* Nr. 15/4. 4. 1986, S. 50)

Die Jugend in Rumänien aber, die so lange von allen Werten, nach denen sie sich sehnte, getrennt war, greift nun nach den Ideen der dreißiger Jahre in Rumänien, auch nach dem Frühwerk der lange verbotenen Autoren. Dieses Werk vermehrt nun die Mißverständnisse in der heutigen rumänischen Öffentlichkeit. Der Ceausescismus hat sich vieler jener Ideen zwar in kryptischer Form bedient oder, wo sie nicht integrierbar waren, sie doch in kryptischer Form geduldet; offen wirken können diese Ideen, in ihrem Originalton, erst jetzt wieder. Und weil dieser Originalton so lange abwesend war, wirkt er heute in der rumänischen Öffentlichkeit, die zuletzt nur noch die leeren Diskurse des Personenkults kannte, unverbraucht. Aus der Vergangenheit strömt so scheinbar die Kraft für die Zukunft.

Tausend Jahre Rumänisch-Bessarabien!

Eines dieser unvergänglichen nationalen Themen, die bald die rumänische Öffentlichkeit des Jahres 1990 beherrschten, ist die Bessarabien-Frage. Bessarabien stellt die östliche Hälfte der alten rumänischen Moldau dar. Es wurde zum erstenmal vom russischen Zarenreich 1812 als Kriegsbeute vom Osmanischen Reich, in dessen Herrschaftsbereich die rumänischen Fürstentümer lagen, annektiert.

Von 1918 bis 1940 gehörte Bessarabien ebenso wie die

gesamte Bukowina, die seit dem 18. Jahrhundert österreichisch war, zu Groß-Rumänien. Der bessarabische Rat in der Hauptstadt Kischinjow/Chisinau hatte sich 1918 für Rumänien entschieden. Diese Option war ursprünglich auch von Lenin akzeptiert worden. Im Gefolge des Hitler-Stalin-Pakts von 1939 stellte Stalin den Rumänen 1940 ein Ultimatum zur Räumung des Gebietes. So wurden Bessarabien, der nördliche Teil der Bukowina und die dazwischenliegende Region Hertza sowjetisch. Die Nord-Bukowina und die Region Hertza waren nie Teil Rußlands gewesen. Diese sowjetische Annektion war der entscheidende Faktor für die Teilnahme des Antonescu-Staats am Ostfeldzug Hitlers. Die von den Sowjets besetzten Gebiete kamen vorübergehend an Rumänien zurück, dieses richtete auch jenseits des Dnjestr ein Besatzungsgebiet in der Ukraine ein: Transnistrien. Antonescu wollte es laut eigener Aussage tausend Jahre lang behalten.

Die tausend Jahre endeten bereits 1945. Stalin nahm alles wieder zurück. Die Nord-Bukowina und die Region Hertza wurden der Ukraine zugeschlagen, ebenso wie die drei Donau- und Schwarzmeerbezirke Bessarabiens. Der Rumpf des Gebiets ohne Zugang zum Meer wurde in die S.S.R. Moldawien umgewandelt. Massen-Deportationen setzten ein, die rumänische Kultur wurde systematisch unterdrückt. Die Bessarabier durften sich nicht mehr als Rumänen bezeichnen. Ihnen wurde das kyrillische Alphabet aufgezwungen, sie wurden als Moldawier bezeichnet und ihr Rumänisch zur moldawischen Sprache erhoben.

Im Zuge der Perestrojka hat sich in den letzten Jahren in der Moldau-Republik die *Frontul popular,* eine nationalistische rumänische Volksfront, etabliert, mit der auch große Teile der einheimischen KP gemeinsame Sache machen. Die politische Öffnung führte zu einer schrittweisen Rückkehr der rumänischen Kultur und damit des nationalen Selbstbewußtseins. Die Rumänen stellen heute etwa 64% der Bevölkerung in der Republik. Die Volksfront strebt seit längerem eine Ablösung von Moskau an, hat sich in mancher Hinsicht das Baltikum zum Vorbild genommen.

Bis zum Dezember 1989 gab es jedoch ein unumstößliches Hindernis zwischen der Moldau-Republik und Rumänien: die

Ceausescu-Diktatur. Zu Ceausescu wollte die Volksfront nicht. Aber selbst dieser hat das Bessarabien-Thema mehrfach außenpolitisch als Drohgebärde gegen Moskau eingesetzt. Seit der Revolution in Rumänien wurden die irredentistischen Tendenzen in Bessarabien deutlich. Unterstützung kommt verstärkt aus dem »Mutterland« Rumänien, seit dort der Nationalismus die öffentliche Diskussion beherrscht. Die Wiederherstellung Groß-Rumäniens ist ein Anliegen unterschiedlicher Gruppen. Die Front Iliescus verhält sich opportunistisch und wird sich der Volksmehrheit anpassen. Aber selbst demokratische Verbände wie die Gesellschaft »Timisoara« beteiligten sich im Oktober an Solidaritätsdemos mit der bessarabischen Volksfront, die ihrerseits im Clinch mit den Minderheiten in der Moldau-Republik liegt.

Die Volksfront bekämpfte die Autonomiebestrebungen von Gagausen (christliche Türken), Russen und Ukrainern, sie verweigerte ihnen elementare Minderheitenrechte. So eskalierte der Konflikt schnell und Gagausen, Russen und Ukrainer erklärten sich 1990 als vom Republiksowjet in Chisinau unabhängig und gründeten zwei eigene »Republiken«, worauf die Moldauer die Truppen des Innenministeriums aus Moskau bestellten. Das Verhalten der rumänischen Moldauer den Minderheiten gegenüber zeigt, daß sie aus ihrer eigenen Unterdrückung wenig gelernt haben. Sie sahen in Gagausen und Russen nichts weiter als »vom KGB gesteuerte« Agenten düsterer Mächte.

Die Bessarabienfrage wird, neben dem Baltikum-Konflikt, zum Prüfstein für die Zukunft Europas. Bei dem fortschreitenden Verfall der Sowjetunion wird sich der Entscheidungsprozeß der Moldauer für den Anschluß an Rumänien nur beschleunigen. Das aber wäre der erste Präzedenzfall einer Grenz*verschiebung* im demokratisch noch völlig ungefestigten Osteuropa – im Unterschied zum bloßen *Verschwinden* der Grenze zwischen BRD und DDR! Die Forderungen der rumänischen Nationalisten beschränken sich ja nicht auf das Rumpf-Bessarabien der Moldau-Republik. Wie Dominosteine fallen dann die nächsten separatistischen Forderungen ins Europäische Haus...

Jede nationale Lösung kann in diesem Fall nur in einer Katastrophe münden.

10
Was wird
aus Südosteuropa?

Das Verschwinden des Kommunismus in Südosteuropa löst ebensowenig die Probleme dieser Länder wie sein Auftauchen dort vor fünfundvierzig Jahren. Das Verschwinden des Kommunismus wirft die Völker Südosteuropas auf ihre alten Mythen zurück.

Die befreiten Menschen, die sich anschickten aufzuatmen, sehen sich mit der galoppierenden Krise und der Zerrüttung ihrer Staaten konfrontiert. Das Ende des Kommunismus zieht einen gefährlichen Verfall der Autorität nach sich. Der Autoritätsverfall zeigt sich beim Straßenverkehr – nach den Revolutionen schnellten die Unfallzahlen hoch – wie beim Staatsbefinden. Staaten wie Jugoslawien haben offenbar ihr Endstadium erreicht.

Das Ende des Kommunismus ist auch die Erneuerung des Nationalismus in Südosteuropa. Bisher hatten die Nationalkommunisten das Monopol auf die Mythen der Nation. Jetzt stehen diese allen politischen Strömungen frei zur Verfügung. Das vergrößert zuerst einmal die Verwirrung. Der Nationalismus erscheint als natürlicher Retter in der Not, ist aber in Wahrheit die größte Gefahr für diese Staaten. Er droht die schwachen Ansätze ziviler Gesellschaft im Keim zu erdrücken.

Was wollen die Menschen? Kaum sind sie aus dem Dunkel getreten, verschwinden sie schon in ein anderes. Was kommt nach dem Stalinismus? Erreichen will man den Wohlstand des Westens, nicht seine Verfassung. (Leben wie im Westen, arbeiten wie im Osten, lautet die sarkastische Kurzformel für die Hoffnungen der Osteuropäer.)

Neben der Berührung mit dem fremden Wohlstand steht die Berührung mit der eigenen Geschichte. Ihre Wiederkehr ist eine schwere Hypothek für die europäische Zukunft – die Rückkehr der totalitär verdrängten Vergangenheit. Das

19. Jahrhundert kehrt in die Städte Südosteuropas zurück. Mit dem Aufstellen der Denkmäler der Nationalhelden an ihrem angestammten Platz, sei es in Zagreb oder sonstwo, kehrt die unvollendete Nationalgeschichte zurück und macht den ratlosen Bürger zum streitbaren Nationalisten. Was die Menschen auch anfassen, es entpuppt sich als Fragment versprochener nationaler Größe. Der Nationalismus drängt zur Revision des Status quo, nach der die Zustände, für alle hörbar, geradezu schreien. Aber der Nationalismus fordert die Verwirklichung der Utopien von vorgestern, die Vollendung des nationalen Konzepts des 19. Jahrhunderts. Grenzstreitigkeiten, Territorialfragen, Irredentismus sind seine Ausdrucksformen.

Regionalismus und Zentralismus bekämpfen sich plötzlich auf nationalem Terrain. Rumänen und Serben, die die nationale Frage stets mit dem Zentralismus verknüpft haben, sehen sich mit dem Amselfeld-Syndrom konfrontiert. Serbien betreibt eine regelrechte Okkupation des Kosovo, die rumänische Innenpolitik versteigt sich in eine endlose Polemik um die ungarische Minderheit in Siebenbürgen, während Slowenen und Kroaten, Ukrainer und sogar Slowaken nach ihrer Selbständigkeit drängen. Symptomatisch ist, daß keine der Nationen, ebendas, was sie für sich selbst ultimativ verlangt, den anderen von ihr Abhängigen zugestehen will. Weder die Rumänen den Ungarn, noch die Slowaken den Ungarn, noch die Serben den Albanern, aber auch die Bessarabien-Rumänen den Gagausen (christliche Türken) nicht oder die Kroaten den Serben oder die Bulgaren den Türken. Nationalismus ist intolerant und demagogisch. So war er immer schon.

Die nationalkommunistischen Staaten Jugoslawien und Rumänien hatten ihre gesamte Außenpolitik seit Jahrzehnten im Ost-West-Konflikt eingerichtet. Sie haben sich als Brücken zur Dritten Welt zu profilieren versucht. So sind sie in mancher Hinsicht auch zu Brückenköpfen der Dritten Welt geworden. Jugoslawien trat sogar als einer der Wortführer der Dritten Welt auf, Rumänien gehörte seit 1976 der Entwicklungsländer-»Gruppe der 77« an und hatte als Mitglied des Warschauer Pakts gleichwohl einen sogenannten Gaststatus bei der Konferenz der Blockfreien. Was aber ist Blockfreiheit nach dem Verfall des Ostblocks? Die fortschreitende Bedeutungsverminderung Südosteuropas in der Weltpolitik verdeutlicht auch ein anderes Faktum: 1914 konnte der nationale Fanatismus in Sarajewo noch einen Weltkrieg auslösen, das 1990 eingetretene Chaos ist ein stiller, fast anonymer Selbstzerstörungsprozeß. Was ist der Kosovo im Vergleich zum Persischen Golf? Der Westen ist längst zum Norden geworden, der mit dem Süden im Konflikt liegt. Der Osten ist keine weltpolitische Himmelsrichtung mehr.

Das Jugoslawien Titos und das Rumänien Ceausescus waren aber auch Profiteure des Ost-West-Konflikts. Sie waren durch ihren mehr oder weniger spektakulären Antisowjetismus lange Zeit die verwöhnten Kinder der westlichen Kreditvergabe. So hatten sie sich daran gewöhnt, daß Außenpolitik honoriert wird. Nun steht ihre offizielle Politik vor dem sichtlich schwer zu verarbeitenden Problem, daß Geld nur noch für strukturelle gesellschaftliche Veränderungen zu haben ist. Good-will-Kampagnen charmanter Premiers ersetzen kein Entwicklungskonzept. Die serbische hat wie die rumänische Politik ersichtlich Schwierigkeiten mit diesem Umdenkprozeß.

Jugoslawien ist das einzige Nachbarland, mit dem das offizielle Rumänien keine Meinungsverschiedenheiten hat und wohin auch Iliescus erste Auslandsreise als Präsident führte. Der Konflikt mit Ungarn entzündet sich immer wieder an der nationalen Frage, jener mit Bulgarien an der ökologischen Situation im unteren Donau-Raum. Wie sich die Reste der Sowjetunion, vor allem die selbst krisengeschüttelte Ukraine zur eskalierenden Bessarabien- und Bukowina-Frage verhalten werden, wird die nächste Zukunft zeigen. Rumänien und Jugoslawien sind die einzigen Balkanländer mit gemeinsamer Grenze, die niemals gegenseitige Territorialforderungen hatten.

Bei der verwirrenden Situation in Südosteuropa wiederholt sich auch die Geschichte der Umschichtungen in diesen Ländern. In der zweiten Hälfte des vorigen Jahrhunderts wurde die Emanzipation der Balkan-Staaten vom Osmanischen Reich von den Bedingungen des Westens auf dem Berliner Kongreß diktiert. Die Emanzipation vom k.u.k. Reich bestimmten die Pariser Verträge nach dem ersten Weltkrieg. Die Emanzipation von der

Sowjetunion scheinen nun die Bedingungen der EG und der USA zu konditionieren. Diese immerwährende Fremdbestimmung mehrt den Frust der Südosteuropäer und nährt ihren Hang zum Fatalismus, aber auch ihren trotzigen Zwang zur Originalität. Um ihre Identität nicht einzubüßen, meinen sie, anders sein zu müssen; sie sehen angesichts des Drucks von außen nicht ein, daß sie dies nicht können, sie sind überzeugt, daß sie es nicht dürfen.

Der Berliner Kongreß wollte den rumänischen Kleinstaat seinerzeit zwingen, die Juden des Landes einzubürgern, die Pariser Verträge verlangten einen Minderheitenschutz. Heute heißen die Bedingungen: Menschenrechte und Pluralismus, freie Marktwirtschaft. Die rumänischen Politiker nahmen die Bedingungen jedesmal formal an, in der Praxis suchten sie sie dann zu unterlaufen. Es waren nicht ihre eigenen Prioritäten.

Die heroischen Ziele des Nationalismus sind Chimären. Davon aber muß sich der Nationalist erst selbst überzeugen. Das wird um so schwieriger werden, weil seine Angst, kolonisiert zu werden, durchaus berechtigt ist. Der traumwandlerisch überlegene Westen kann kein gleichwertiger Partner sein, er bleibt Patron. Noch aber fehlt selbst das offene Bekenntnis der Südosteuropäer zur eigenen Armut. Nichts erscheint ihnen unzeitgemäßer als ein solches Bekenntnis.

Die Quadratur des südosteuropäischen Kreises ist die gleichzeitige Überwindung von Unterentwicklung und Nationalismus. Es ist undenkbar, sie ohne europäische Hilfe zu erreichen. Ein offenes Europa aber wird nicht zustandekommen können, wenn die Europäer im Westen glauben, sie könnten die Entwicklungsländer der einstig byzantinischen und dann k. und k. Nationen ihrem eigenen Elend überlassen. Dann könnte der Traum von Europa, den westliche Intellektuelle träumen, zum Alptraum werden.

Kleines historisches Personenlexikon

ION ANTONESCU (1882 Pitesti - 1946 Jilava).
Wurde »Roter Hund« genannt. Französische Militärschule. Nahm 1907 als junger Offizier an der Niederschlagung der Bauernaufstände teil und 1916-1918 am Krieg Rumäniens gegen die Mittelmächte. Militärattaché in Rom und London. 1933 Generalstabchef. 1937/38 Verteidigungsminister in den Kabinetten Goga und Cristea. Von König Carol II. wegen Verbindungen zur Legion (Eisernen Garde) entlassen und ins Kloster Bistrita verbannt. Unmittelbarer Anlaß der Entlassung soll die Weigerung Antonescus gewesen sein, auf einem Empfang die Hand von Carols Konkubine, Magda Lupescu, zu küssen. Antonescu erzwang im September 1940 den Rücktritt von König Carol II. Übernahm zusammen mit der Eisernen Garde Horia Simas die Macht. Seit Januar 1941, nach einem gescheiterten Putsch der Garde, Alleinherrscher. Juli 1941 Beteiligung an Hitlers Krieg gegen die Sowjetunion. In seinem Tagesbefehl zum Kriegsbeginn schrieb er an die Soldaten u. a.: »Seid würdig der Ehre, die euch die Geschichte, die Armee des Großen Reiches und ihr unübertroffener Befehlshaber Adolf Hitler zuteil werden ließen.« Ernannte sich zum Marschall und Conducator (Führer). Im August 1944 von König Mihai I. Palastgarde verhaftet und an die Kommunisten ausgeliefert. Am 1. 6. 46 im Gefängnis Jilava als Kriegsverbrecher hingerichtet. Erste Rehabilitierungsversuche Antonescus gab es bereits unter Ceausescu u. a. durch den Roman *Delirul* (Das Delirium) des inzwischen verstorbenen Schriftstellers Marin Preda.

SILVIU BRUCAN (geb. 1916 Bukarest).
Bereits in den dreißiger Jahren in der KP. Nach dem Krieg stellvertretender Chefredakteur der Parteizeitung Scinteia (Der Funke). War auch an der Vorbereitung der stalinistischen Prozesse gegen die bürgerlichen Politiker beteiligt. 1956-1959 rumänischer Botschafter in Washington. 1959-1962 Botschafter bei den Vereinten Nationen. 1962-1966 Leiter des Bukarester Fernsehens. Danach Professor für Sozialwissenschaften und Soziologie an der Universität Bukarest. Verfasser mehrerer Bücher politologischen Zuschnitts. Darunter: *Die Auflösung der Macht. Eine Soziologie der*

Internationalen Beziehungen und der Internationalen Politik (München 1973).

CAROL II. (1893 Sinaia-1953 Lissabon).
König von Rumänien (1930-1940). Durch seine Affären u. a. mit der Halb-Jüdin Lupescu als Balkan-Playboy bekannt. Die Liberalen zwangen ihn 1926 zum Verzicht auf die Thronfolge. 1930 wurde er von der Bauern-Partei zurückgeholt und zum König gemacht. Ist durch die Einrichtung der Königsdiktatur 1938 zum Totengräber der jungen rumänischen Demokratie geworden. Bekämpfte die Legion (Eiserne Garde), die er als Konkurrenz empfand. Etablierte einen Ständestaat unter seiner Führung. Mußte 1940 nach außenpolitischem Desaster mit großen Gebietsabtretungen abdanken und das Land verlassen. Starb im portugiesischen Exil.

ELENA CEAUSESCU (1919-1989).
Ehefrau von Nicolae Ceausescu. Der Legende nach lernten sich die beiden in Bukarest während des revolutionären Kampfes kennen. Soll, ebenfalls der Legende zufolge, Chemie studiert haben. Leiterin des Chemie-Institutes in Bukarest (1964/65). 1972 Eintritt in die Politik, Mitglied des ZK der KP. 1973 Mitglied im Politischen Exekutivkomitee. 1974 Mitglied im Büro des Politischen Exekutivkomitees. Weitere politische und wissenschaftliche Ämter. Teilte in den achtziger Jahren faktisch die Macht mit ihrem Mann. Soll einen sehr schlechten Einfluß auf diesen gehabt haben. Kontrollierte die Kaderabteilung. Zuletzt war es eine Doppeldiktatur. Wurde zusammen mit Nicolae Ceausescu am 25. 12. 89 in einer Kaserne bei Tirgoviste hingerichtet.

NICOLAE CEAUSESCU (1918 Scornicesti/Olt-1989).
Floh als Minderjähriger nach Bukarest. Lehre bei einem Schuster, der Kontakte zur verbotenen KP hatte. Seit 1930 in der KP-Jugend, seit 1933 KP-Mitglied. Gefängnis. 1944-1946 Leiter des Jugendverbandes der KP. 1948-1950 Stellvertreter des Landwirtschaftsministers. 1950-1954 Politischer Leiter der Armee im Generalsrang. Seit 1945 Mitglied im ZK der KP. 1954-1965 Sekretär des ZK der KP (RAP). 1955 Mitglied im Politbüro. Hatte eine entscheidende Rolle in der Zwangskollektivierung, in der Säuberung der Armee und ab 1957 in der Unterdrückung der ungarischen Minderheit. Leitete seit 1960 den Parteiapparat. 1965 Erster Sekretär, dann Generalsekretär der KP. 1967 Staatsratsvorsitzender. 1974 Staats-

präsident. Seither zahllose weitere Ämter und Titel. Personenkult. Ließ sich *Conducator* (Führer) nennen. Baute seine persönliche Macht und die seines Familienclans in beispiellosem Umfang aus. Wurde am 25.12.89 in einer Armeekaserne bei Tirgoviste hingerichtet.

E. M. CIORAN (geb. 1911 Rasinari/Hermannstadt).
Essayist. Sohn eines griechisch-orthodoxen Priesters. Schule in Hermannstadt/Siebenbürgen. Studium der Literatur und Philosophie in Bukarest und Berlin (1933-1935). Veröffentlichte in Rumänien: *Peculmile disperarii* (Auf den Gipfeln der Verzweiflung), 1934, deutsch 1989; *Cartea amagirilor* (Das Buch der Täuschungen) 1936, dt. 1990; *Schimbarea la fata a Romaniei* (Der Gesichtswandel Rumäniens) 1936; *Lacrimi si sfinti* (Von Tränen und von Heiligen) 1937, dt. 1988. *Auf den Gipfeln der Verzweiflung* erschien 1990 auch in einer rumänischen Neuausgabe im Bukarester Humanitas Verlag, der von Liiceanu geleitet wird. Cioran war unter den Kommunisten verboten. Die französischen und deutschen Neuausgaben seiner Frühwerke sind zum Teil vom Autor durchgesehen und überarbeitet. Cioran ging 1937 nach Paris, schreibt seither französisch. Werke: *Lehre vom Zerfall* (1949, dt. 1953); *Syllogismen der Bitterkeit* (1952, dt. 1969); *Die verfehlte Schöpfung* (1969, dt. 1973), *Vom Nachteil geboren zu sein* (1973, dt. 1977), *Der zersplitterte Fluch* (1987, dt. 1987).

CORNELIU ZELEA CODREANU (1899 Jassy – 1938 Jilava).
Jura-Studium. Mitarbeiter des antisemitischen Wirtschaftswissenschaftlers und Politikers der nationalistischen Rechten A. C. Cuza. Gründete 1927 die »Legion des Erzengels Michael« (später »Eiserne Garde«), eine nationalistische, antikommunistische und antisemitische, im orthodoxen Glauben verankerte Bewegung, die vor allem in der Jugend ihre Anhängerschaft hatte. Wurde von den Legionären »Capitan« (Hauptmann) genannt. Schrieb das autobiographische Politmanifest *Pentru legionari* (Für die Legionäre) im Stil von Hitlers *Mein Kampf*. Die Legion verübte Attentate und politische Morde. König Carol II., der einen Machtkampf mit der Legion austrug, ließ, nach deren Wahlerfolg von 1937, Codreanu und seine engsten Mitarbeiter verhaften und auf einem Transport ins Gefängnis Jilava ermorden. Eine wichtige Rolle bei der Verhaftung Codreanus spielte der nationalistische Professor Iorga, der 1940 von Horia Simas Garde ermordet wurde.

GHEORGHE GHEORGHIU DEJ (1901-1965).
Kommunist. Gehörte dem einheimischen Flügel der KP an. Wegen Organisierung von Streiks zwischen 1933 und 1944 inhaftiert. Wurde nach 1945 Generalsekretär der Partei, ab 1954, nach Abschaffung des Amtes, Erster Sekretär, war zeitweise auch Ministerpräsident und seit 1961 Vorsitzender des Staatsrats. Einer der Hauptverantwortlichen für die stalinistischen Verbrechen der fünfziger Jahre in Rumänien. Ließ 1954 den inhaftierten Parteitheoretiker Patrascanu ermorden, um in Rumänien eine potentielle Formel Nagy oder Gomulka zu verhindern. Begünstigte andererseits den nationalistischen Kurs der KP nach 1958.

MIRCEA ELIADE (1907 Bukarest-1986 Chicago).
Studium der Philosophie. 1928 Indienreise. Religionswissenschaftler und Schriftsteller. Forschungen über Symbole und Mythen, Romane und Erzählungen. Assistent von Nae Ionescu an der Universität Bukarest. Im Zusammenhang mit der »Legion« 1938 von Carol II. verhaftet. Verließ 1940 Rumänien. Kulturattaché an der rumänischen Botschaft in London, ab 1941, unter der Antonescu-Regierung, in Lissabon. Dort entstand auch das Buch *Salazar si revolutia in Portugalia* (Salazar und die Revolution in Portugal) (1942). 1946 Gastprofessur in Paris. Seit 1956 Vorlesungen zur Religionsgeschichte an der Universität Chicago. Schrieb seine wissenschaftlichen Arbeiten seit dem Krieg französisch und englisch, seine literarischen Werke aber bis zuletzt rumänisch. (*Auf der Mantuleasa-Straße*, Erzählung, 1968; dt. 1972). Hauptwerk: *Geschichte der religiösen Ideen* (3 Bde, 1976-1978; dt. 1978).

MIHAI EMINESCU (1850 Ipotesti/Botosani-1889 Bukarest).
Nationaldichter. Mit ihm fand die rumänische Literatur den Anschluß an die Weltliteratur. Spätromantischer Dichter und nationalistischer Denker und Publizist. Philosophische Dichtung. Literatur- und Philosophiestudium in Wien (1869-1872) und Berlin 1872-1874). Kein Studienabschluß. 1877-1883 Redakteur der konservativen Bukarester Zeitung *Timpul* (Die Zeit). Plädierte politisch für einen eigenständigen nationalen Weg. Autor des nationalistischen und fremdenfeindlichen Gedichts *Doina*, das unter den Kommunisten wegen anti-russischer Versen verboten war. Es bezieht sich auch auf Bessarabien.

ION ILIESCU (geb. 1930 Oltenita/Ilfov).
Sohn eines Altkommunisten, der in Ungnade fiel und 1945 starb.
1950-1953 Studium in Moskau. Ingenieur für Hydroenergetik.
Iliescu trat 1944 in den Jugendverband der KP ein, wurde 1949 in
dessen ZK gewählt, war ab 1956 Sekretär des Jugendverbandes.
1965-1968 Kandidat des ZK der KP. 1968-1984 ZK-Mitglied.
1968 Jugendminister. 1971 für ein paar Monate ZK-Sekretär für
ideologische Fragen. Überwarf sich mit Ceausescu wegen dessen
Re-Stalinisierungskurs. Entlassung und Verbannung in die Provinz.
1972 ZK-Propagandasekretär in Temeswar, danach Erster Sekretär in Jassy. 1979 Leiter des Staatlichen Amtes für Wasserwirtschaft. 1981 und bis zur Revolution Direktor des Technischen Verlags in Bukarest.

NAE IONESCU (1890 Brăila-1940 Bukarest).
Studium der Philosophie an der Universität Bukarest, Doktorat in
München 1919. Goethe-Verehrer. Vorlesungen an der Universität
Bukarest zur Religionsphilosophie, Geschichte der Logik und Einführung in die Problematik der Erkenntnistheorie. Chefredakteur
der Zeitschrift *Loghios, revue internationale de syntheses chretienne orthodoxe* und der einflußreichen nationalistischen Tageszeitung *Cuvantul* (Das Wort), die im Zusammenhang mit der Legion von Carol II. verboten wurde. Wegen seiner Beziehungen zur
Legion wurde Ionescu 1938 verhaftet und in einem Lager bei Miercurea Ciuc interniert. Nae Ionescu hatte einen großen Einfluß auf
die junge Schriftsteller- und Philosophengeneration. Die meisten
waren seine Schüler.

MIHAI I. (geb. 1921 Sinaia).
König von Rumänien 1927-1930 und 1940-1947. Sohn von Carol
II. Wurde als König 1940 von Antonescu eingesetzt, gegen den er
beim Vormarsch der Roten Armee, am 23. 8. 44 eine Palastrevolte
organisierte. Ließ Antonescu und dessen Außenminister von der
Palastgarde verhaften und an die Kommunisten ausliefern. Wurde
1947 von den Kommunisten unter Androhung von Waffengewalt
zum Rücktritt gezwungen. Lebt seither im Exil in der Schweiz.

CONSTANTIN NOICA (1909 Vatanesti/Teleorman-1987).
Studium der Philosophie in Bukarest. 1940 Doktorat. 1938/39 Stipendiat des französischen Staates in Paris. Blieb nach dem Krieg in
Rumänien. Haft und Verbannung in die Provinz. Publikationsver-

bot bis in die sechziger Jahre. Beschäftigung mit Platon und Heidegger. Gründete eine in Osteuropa einzigartige Philosophenschule. Werke: *Mathesis sau bucuriile simple* (Mathesis oder die einfachen Freuden) 1934; *Pagini despre sufletul romanesc* (Über die rumänische Seele) 1944, *Despartirea de Goethe* (Abschied von Goethe) 1976, *Devenirea intru fiinta* (Werden zum Sein) 1981.

HORIA SIMA (1906 Bukarest).
Studierte an der Universität Bukarest u. a. Philosophie bei Nae Ionescu. Eintritt in die Legion (Eiserne Garde). 1938, nach dem Tod von Codreanu, Führer der Eisernen Garde. September 1940 Stellvertretender Ministerpräsident unter Antonescu. 1941, nach einem gescheiterten Putsch der Garde, Flucht nach Deutschland. Dort 1943/44 KZ. Bildete nach dem Frontenwechsel Rumäniens 1944/45 Exilregierung in Wien. Danach Exil in Spanien.

Literatur

HUBERTUS VON AMELUNXEN/ANDREI UJICA (HG.), *Television/Revolution. Das Ultimatum des Bildes. Rumänien im Dezember 1989*, Jonas Verlag Marburg 1990.
Beschäftigt sich mit Fernsehen und Information in der rumänischen Revolution. Unter den Autoren sind Medienwissenschaftler. Enthält darüber hinaus eine Chronologie der Ereignisse, die auf zum Teil unsicheren rumänischen Quellen beruht, eine Diskussion mit rumänischen Intellektuellen und einen kurzen Essay von E. M. Cioran zu Eminescus Gedicht »Gebet eines Dakers«.

SILVIU BRUCAN, *Piata si democratie* (Markt und Demokratie), Editura Stiintifica Bukarest 1990.
Enthält Zeitungsartikel und Interviews des Front-Ideologen Brucan von Dezember 1989 bis April 1990. Gewährt Einblick in die erste Phase der Revolution, in die Fragen um die Dezember-Ereignisse, die Securitate, die Front zur Nationalen Rettung.

DOINA CORNEA, Liberte? Entretiens avec Michel Combes suivis de lettre ouvertes adresses a Nicolae Ceausescu, Ion Iliescu, Petre Roman, Criterion Paris 1990.
Enthält in einem langen Interview Gespräche, die ihr französischer Schwiegersohn mit ihr führte und die den Werdegang und die moralischen und politischen Ansichten einer der unerschrockensten Gegnerinnen von Ceausescu veranschaulichen, die in Opposition zu den neuen Mächtigen geblieben ist. Im Anhang sind einige ihrer offenen Briefe abgedruckt.

HANS PETER DUERR (HG.), *Die Mitte der Welt. Aufsätze zu Mircea Eliade*. Suhrkamp Verlag, Frankfurt a. M. 1984.
Darin der Aufsatz des Exilrumänen Ioan Petru Culianu: »Mircea Eliade und die blinde Schildkröte«, der vom politischen Umfeld und den intellektuellen Einflüssen auf den jungen Eliade im Vorkriegsrumänien spricht. Culianu sucht allerdings Eliades Beziehungen zur »Legion« zu verharmlosen.

MIRCEA ELIADE, *Autobiography*. Volume II: *1937-1960. Exile's Odyssey*. Translated from the romanian by Mac Linscott Ricketts. The University of Chicago Press. Chicago and London 1988.
Eliade blickt darin u. a. auf die Zeit der Diktatur König Carol II. zurück, seine Haft im Zusammenhang mit dem Verbot der »Legion« und auf seine Zeit in London und insbesondere in Lissabon als Kulturattaché der Antonescu-Regierung.

GERD FRICKENHELM, *Die rumänische Abweichung. Eine Beschreibung und Analyse ihrer Entstehung*. (Studien zur Politikwissenschaft Bd. 57). Lit-Verlag Münster 1990.
Eine detaillierte wissenschaftliche Untersuchung der Ansätze und Wurzeln des rumänischen Nationalkommunismus in den fünfziger Jahren, von Stalins Tod bis zur Machtübernahme durch Ceausescu im Jahr 1965.

ANNELI UTE GABANYI, *Die unvollendete Revolution. Rumänien zwischen Diktatur und Demokratie*. Serie Piper, München 1990.
Detailreiche, sehr anschauliche Darstellung der Revolutionstage und der ersten Monate danach, die vorrangig auf rumänischen Medien beruht. So werden zum Teil auch Fälschungen daraus übernommen. Auch überbewertet die Autorin, die aus Rumänien stammt und seit zwanzig Jahren in der Bundesrepublik lebt, wo sie als Rumänien-Referentin am Südosteuropa-Institut in München arbeitet, die Rolle der Sowjetunion.

ARMIN HEINEN, *Die Legion »Erzengel Michael« in Rumänien. Soziale Bewegung und politische Organisation*. Südosteuropäische Arbeiten. R. Oldenbourg Verlag München 1986.
Umfassendste wissenschaftliche Arbeit in deutscher Sprache über die faschistische Bewegung in Rumänien der Zwischenkriegszeit. Geht weit in die soziale und politische Geschichte des Landes im 19. Jahrhundert zurück und beschreibt ausführlich den gesellschaftlichen und politischen Hintergrund der rumänischen Zwischenkriegszeit. Vermittelt so einen Blick auf das Gesamtbild der rumänischen Entwicklung.

RAUL HILBERG, *Die Vernichtung der europäischen Juden. Die Gesamtgeschichte des Holocaust,* Olle und Wolter, Berlin 1982, (im Jahre 1990 als dreibändige Taschenbuchausgabe im Fischer Verlag erschienen).

Standardwerk zur Vernichtung der Juden in Europa während des zweiten Weltkriegs. Enthält in den Länderdarstellungen auch eine ausführliche Dokumentation mit Quellen und Hinweisen zur Verfolgung und Deportation der Juden in Rumänien.

VIRGIL IERUNCA, *Fenomenul Pitesti*. (Das Phänomen Pitesti), Humanitas Bukarest 1990.
Zuerst 1981 in einem Pariser Exilverlag erschienener Essay über das in Osteuropa einzigartige Folterexperiment von Pitesti (1949-1952), das eine totale Zerstörung der Persönlichkeit der Gefangenen bezweckte.

HANS KRIEGER. *Der Massenmord in der rumänischen Gefangenenhölle Sipote. Eine Klage und Anklage von Pfarrer Hans Krieger*, J. F. Lehmanns Verlag München 1920.
Kleine Broschüre mit Zeichnungen, einzige Publikation von einem der wenigen Überlebenden über die schrecklichen Bedingungen der Gefangenschaft in einem rumänischen Kriegsgefangenenlager für deutsche Soldaten des ersten Weltkriegs.

GABRIEL LIICEANU, *Jurnalul de la Paltinis* (Das Tagebuch von Paltinis), Cartea Romaneasca Bukarest 1983.
Liiceanu, einer der Schüler des Philosophen Constantin Noica, gewährt Einblick in die Atmosphäre und Gedankenwelt um den Philosophen auf der Bergspitze Paltinis/Hohe Rinne, wo man sich weit ab von den Niederungen der Ceausescu-Politik Platon, Heidegger und anderen zuwandte.

HERTA MÜLLER, *Der Mensch ist ein großer Fasan auf der Welt*, Erzählung, Rotbuch Verlag Berlin 1986.
Herta Müller erzählt von einem schwäbischen Dorf im rumänischen Banat, dessen Bewohner am Anfang der achtziger Jahre ihre Ausreise in die Bundesrepublik betreiben und sich dabei mit den verschiedensten Kostgängern der Ausreisebürokratie auseinandersetzen müssen.

LUCRETIU PATRASCANU, *Probleme de baza ale Romaniei*. (Die grundsätzlichen Probleme Rumäniens), Editura Socec & Co., S.A.R. 1944.
Marxistische Darstellung der Verhältnisse im Zwischenkriegsrumänien, vom einzigen Theoretiker der rumänischen KP, der 1954

von den Stalinisten hingerichtet wurde. Das Buch ist seit 1944 nicht mehr aufgelegt worden.

ANTONIA RADOS, *Die Verschwörung der Securitate. Rumäniens verratene Revolution,* Hoffmann und Campe, Hamburg 1990.
Ebenso spannende wie unseriöse Darstellung der Revolution. Die Autorin, eine österreichische Fernsehjournalistin, die sich im Dezember 1989 zum erstenmal in Rumänien aufhielt und der offensichtlich jedes Vorwissen über das Land fehlte, biegt die Fakten zu ihrer These von der genialen Manipulation des gesamten Revolutionsvorgangs durch die Securitate. Das Buch, das voller Fehler, Mißverständnisse, Widersprüche und Spekulationen ist, stellt den Beweis dar, daß mit einer solchen journalistischen Recherche dem Phänomen nicht beizukommen ist. Immer wenn's interessant wird, bleiben die Zeugen aus der Securitate anonym. Die gutgläubige Autorin ist in die Falle dieser Zeugenaussagen gegangen.

FRIEDRICH SCHMALZ, *Großrumänien. Wirtschaftlich, politisch und kulturell.* Verlag Friedrich Andreas Perthes A.-G. Gotha 1921.
Beschreibt ausführlich vor allem die Verhältnisse im rumänischen Altreich vor dem ersten Weltkrieg.

VIRGIL TANASE (HG.), *Le Dossier Paul Goma. L'ecrivain face au socialisme du silence* presenté par Virgil Tanase, Editions Albatros Paris 1977.
Von dem Exilschriftsteller Tanase herausgegebene Dokumentation der Menschenrechtsbewegung um den Schriftsteller Paul Goma, der sich mit der tschechoslowakischen Charta 77 solidarisch erklärt hatte.

WILLIAM TOTOK, *Die Zwänge der Erinnerung. Aufzeichnungen aus Rumänien,* Junius Verlag Hamburg 1988.
Totok ist rumäniendeutscher Schriftsteller und Publizist, der Rumänien 1987 verlassen hat. Das Buch handelt von seinen persönlichen Erfahrungen mit der Ceausescu-Diktatur, mit der deutschen Minderheit in Rumänien, von der literarisch-politischen Vereinigung »Aktionsgruppe Banat«, der er angehörte, von seiner Haftzeit.

RICHARD WAGNER/HELMUTH FRAUENDORFER (HG.), *Der Sturz des Tyrannen. Rumänien und das Ende einer Diktatur,* rororo aktuell, Rowohlt Taschenbuch Verlag 1990.
Versuch der Beschreibung der Verhältnisse im Ceausescu-Staat, die zu der blutigen Revolution geführt haben, anhand der Themen: Alltag, Ceausescus Machtwahn, Securitate, Opposition, Minderheiten und ein sowjetischer Blick auf das Land. Die Autoren, außer den Herausgebern noch Herta Müller, William Totok und Marianne Hausleitner, sind Rumäniendeutsche, die in der Bundesrepublik leben und, mit einer Ausnahme, Schriftsteller.

STEFAN WELZK, *Nationalkapitalismus versus Weltmarktintegration? Rumänien 1830-1944. Ein Beitrag zur Theorie eigenständiger Entwicklung.* Bd. 76. Sozialwissenschaftliche Studien zu internationalen Problemen. Verlag Breitenbach Publishers Saarbrücken Fort Lauderdale 1982.
Wissenschaftliche Untersuchung des ökonomischen und auch politischen Sonderwegs des Entwicklungslandes Rumänien vom Beginn seiner »Europäisierung« bis zum Ende des zweiten Weltkriegs. Die Analyse wurde vom Autor in einem zweiten Band über das »Entwicklungskonzept Zentrale Planwirtschaft« im Nachkriegsrumänien fortgesetzt. Die Sympathien des Autors für einen antikapitalistischen Sonderweg eines Entwicklungslandes haben sich inzwischen durch die Geschichte wohl erledigt.

Über den Autor

Richard Wagner, geb. 1952 in Lowrin (Banat/Rumänien), studierte Germanistik und arbeitete bis 1978 als Deutschlehrer in Hunedora. In den siebziger Jahren war er einer der Initiatoren der »Aktionsgruppe Banat«, einer literarisch-politischen Vereinigung junger Autoren (Rolf Bossert, William Totok, Helmuth Frauendorfer, Herta Müller, u. a.), die die Freiheitshoffnungen der Achtundsechziger Bewegung und des Prager Frühlings in eine zeitgemäße rumäniendeutsche Literatur einbringen wollten und sich dafür Verfolgung durch die Securitate und Haft einhandelten. 1984 führte ein offener Brief an die Staatspartei und den Schriftstellerverband zu Berufs- und Publikationsverbot für *Richard Wagner* und andere rumäniendeutsche Schriftsteller, die daraufhin Ausreiseanträge in die Bundesrepublik stellten.
Seit 1987 lebt *Richard Wagner* in Berlin.

Veröffentlichungen:
Rostregen. Gedichte (1986)
Ausreiseantrag. Erzählung (1988)
Begrüßungsgeld. Erzählung (1989)
Die Muren von Wien. Roman (1990)